Las llaves
del éxito

Las llaves del éxito

Ser-Sentir-Crear

Esperanza Núñez

Número de Control de la Biblioteca del Congreso de EE. UU.:   2012907133
ISBN: Tapa Dura   978-1-4633-2376-9
                   Tapa Blanda   978-1-4633-2378-3
                   Libro Electrónico   978-1-4633-2377-6

Para pedidos de copias adicionales de este libro, por favor contacte con:
Palibrio
1663 Liberty Drive, Suite 200
Bloomington, IN 47403
Llamadas desde los EE.UU. 877.407.5847
Llamadas internacionales +1.812.671.9757
Fax: +1.812.355.1576
ventas@palibrio.com
399657

ÍNDICE

DEDICATORIA

Con una inmensa gratitud hacia mi madre, Elvia, que con su amor, sus desvelos y su entrega a velar por una familia de 12 hijos, dejó en mí el sentido de la responsabilidad y perseverancia para lograr un objetivo. Gracias a esa mujer que dio todo por dejar en mí el mejor regalo: la vida y sus enseñanzas.

Ella, mujer de invaluable corazón, me ha bañado de amor y sabiduría.

A mi padre ya fallecido debo reconocer su amor hacia todos sus hijos; él, un hombre de carácter fuerte, pero amoroso con sus hijos, llenó mi corazón de amor. Su gran legado, la lectura y la investigación, inyectó en mí la pasión por conocer y aprender del ser humano y el Universo.

A mi adorable amiga Alicia, compañera inseparable de tristezas, aciertos y desaciertos en mi caminar, gracias por haber estado en cada momento y haber soportado mis exigencias sin límites; gracias por su paciencia y por sus conocimientos que han aportado a mi libro toda su sabiduría sobre el ser humano. No tengo palabras para expresarle mi cariño inmenso por su lealtad y confianza.

A mis hermanos, porque han sido un baluarte enorme en mi vida; ellos constituyeron siempre un puente entre mi corazón y la realidad, dejando historias mágicas en mi pluma.

A una gran amiga, la señora Lilian Guzmán, debo reconocer su amor fraterno en sus palabras desinteresadas, que siempre han sembrado la semilla del despertar espiritual. Su paciencia y paz interior llevaron mi vida a un encuentro con mi ser interno y lograron descubrir un sentido leal a mis valores intrínsecos.

Al señor Sergio Vélez, que me enseñó las herramientas del éxito, que fueron plasmadas en este libro.

A la señora Ligia Zecena, de la revista Nuestro Mundo, de Utah, por haberme permitido escribir e inspirar a miles de hispanos en el oeste de los Estados Unidos.

A todos aquellos que aportaron sus historias, despertando cada día más mi creatividad.

A mis amigos doy gracias por sus valiosos aportes a mis historias mágicas, en las que dejaron palabras que crearon los mejores relatos de éxito personal.

A Dios, por su valiosa creación: yo.

Prólogo

La historia de la humanidad ha estado marcada por relatos e historias en las que han quedado plasmados toda la magia y el encanto en cada uno de ellos; es por eso que el lector encontrará una mezcla de realidad y magia durante el viaje que lo llevará a descubrir una sabiduría que lo hará partícipe de todos los encantos que el Universo y el ser humano suman como un todo, otorgándole un despertar espiritual para sumergirlo en la verdadera esencia de la vida.

La historia principal permite entrelazar un sinnúmero de mensajes e historias de éxito personal; es un autodescubrimiento que le hará adentrarse en su propio ser, para que al final del relato encuentre el verdadero camino y se haga acreedor a las llaves del éxito.

Este libro no es un manual, pero sí le dejará una gran pasión por vivir la vida que el lector ha soñado. En cada historia encontrará llaves que abrirán el cofre del inconsciente, allí donde está guardado el receptor que está sincronizado con la esencia divina, la fuente de todo lo creado y donde yacen los hilos que unen nuestras vidas.

Este encuentro consigo mismo le deleitará hasta encontrar, al final, el manojo de pasos que le harán disfrutar de su existencia, entrar al juego de la vida y darle sentido a su existencia.

Bienvenido(a).

La autora

Capítulo 1

Encuentro

Alejandro era un joven de aproximadamente 35 años, ejecutivo de una importante Industria de la ciudad. Llevaba una vida profesional muy agitada, tanto que se sentía agobiado con tanto trabajo; el estrés lo estaba volviendo ansioso, comía mucho, por lo que presentaba principios de obesidad.

Su figura era su preocupación; la ansiedad lo atrapaba. Una mañana sonó su teléfono celular; era una amiga que lo invitaba a dar un paseo especial en un lugar cercano a la capital. Allí había un centro natural donde un médico homeópata ayudaba a su pacientes a reducir de peso; con un programa especial realizaba maravillas, pero sobre todo ayudaba a entender el motivo de la ansiedad y trabajaba más con la sanación de las emociones que con el cuerpo.

En el consultorio del médico, Alejandro estaba muy nervioso; se sentía ridículo porque era el único hombre en ese lugar. De pronto se abrió la puerta del consultorio y salió una mujer negra que lo miró fijamente, como si ellos fueran amigos; le sonrió y le saludó con afecto; él quedó perplejo ante ese ser que le iluminaba la vida; sus ojos eran como dos perlas que le dejaron extasiada el alma. Cuando Alejandro quiso pararse de su silla, se sintió pesado, como una estatua sembrada, contemplando la figura despampanante de aquella mujer que lo había impactado.

"Alejandro… Alejandro…", le llamaban para que siguiera a su cita, pero él permanecía embelesado con la mujer que no dejó de mirarle hasta que se fue perdiendo en la distancia; había surgido como un ángel en su Universo inhóspito, por lo menos así lo sentía él. Alejandro lo tenía todo, éxito económico y profesional, pero su alma estaba vacía; no se hallaba a sí mismo; estaba perdido en su propio mundo.

Al fin aterrizó desde sus pensamientos y se encaminó hacia la consulta; en verdad, no se sentía muy interesado en el programa que le fuera a formular el médico; todo en su vida se había tornado incongruente, quería algo pero no lo realizaba, se había convertido en una máquina sin mantenimiento, a punto de colapsar en cualquier momento, así que lo que le formuló no le impactó. Lo que allí sucedió no fue trascendente en su vida física, pero de lo que él no era consciente era que empezaba a recorrer un camino, a vivir un juego interior que lo zambulliría en el lodo y lo transformaría para siempre.

Ese viaje había sido para Alejandro muy gratificante; estaba sembrando para una nueva vida y aún no era consciente; más bien lo había hecho para acompañar a su amiga; él desconfiaba de todo y sabía que era más un paseo que un deseo para bajar de peso.

El lunes ya estaba de nuevo inmerso en sus labores profesionales, en las que tenía muchos proyectos por ejecutar, que lo mantenían muy ansioso; pero recordó el programa que aquel mago de la medicina le había entregado por escrito.

Empezó a leerlo para así iniciar algo que necesitaba, pero de lo que aún no era consciente en toda su dimensión; pero como todo lo que tenía que ver con él, lo aplazó; sería algo más para después; este tipo de decisiones era una constante en su vida.

Era un hombre de negocios que todo lo que emprendía tenía un final próspero; sus amistades se habían reducido, porque casi no disponía de tiempo y si aceptaba participar en alguna reunión informal, se aburría; así que poco a poco se fue quedando sin amigos.

Este era el panorama de la vida de Alejandro, un hombre exitoso que había convertido en una máquina de proyectos, pero al que la vida se le agotaba y hasta su carácter se había vuelto el de un ser agrio; ya ni siquiera llamaba a su familia, tampoco disponía de tiempo para el amor.

Una noche, al salir de su oficina aceleradamente, como siempre ocurría, tropezó con un gato que lo hizo caer; fastidiado por lo ocurrido, se paró a pelear con él mismo, ya que el gato había escapado; maldecía lo que acababa de ocurrirle; pero no advirtió que en la oscuridad de la esquina alguien lo miraba sonriente. Sintió que era observado y al fin pudo virar su vista hacia la esquina y se dio cuenta que la mujer que unos días atrás lo había impactado en el consultorio, era la dueña del gato; se le acercó y se presentó:

—Me llamo Alejandro. ¿Cuál es tu nombre?

—Milena.

Ella lo invitó a tomar un té, pero él amablemente se negó, se excusó en que no tenía tiempo, así que era mejor dejarlo para otro día, pero ella insistió y le dijo:

—Estás corriendo y agotando tu vida en cosas innecesarias. Piensa en ti, necesitas descansar la mente lógica y permitir que tu espíritu se renueve con otra conversación y en otro lugar que no sea el del trabajo; deja que se embriague tu vida de armonía y vitalidad. Te has enojado con el gato porque te hizo tropezar, ¿por qué no pensar que te ha salvado de algún contratiempo? Aprende a ser la causa de todo en tu vida y no permitas que todo influya en ti, creándote infelicidad. Aprende a realizar pequeños milagros en tu vida, decidiendo cambios sustanciales; cambia tu vida interior y así se transformará tu entorno. ¿Te has mirado en un espejo?, ¿por qué no sacas tiempo para deleitarte con el milagro que vive en ti? Solo ves esa parte física que crees es tu realidad. ¡Oh, y a propósito, estás perdiendo el interés hasta por tu cuerpo, donde habita la semilla de la verdadera felicidad!

Ya es hora de que permitas que la semilla que sembraron en ti germine hasta alcanzar las estrellas, no dejes que las circunstancias que te asedian te vuelvan harina, ni permitas estar en el plato de otros: florece, esa es tu misión en la vida; deja brillar tu ser como una estrella e ilumina el camino de otros, no seas egoísta.

Él, perplejo por todo lo que escuchaba, le preguntó:

—¿Quién es usted?, ¿por qué está al tanto de mi sentir y reaccionar?

Ella le contestó:

—Lo has dicho bien, te la pasas solo reaccionando y no haces nada por construir una mejor vida; oh, yo soy una vendedora de ilusiones, le confirmó.

Él, más confundido, le preguntó dónde vivía y ella muy cordialmente le contestó que a dos cuadras y aclaró que estaba por ahí porque había salido a pasear con su gato.

Él, desconcertado, le preguntó que por qué vendía ilusiones, y ella sonriente le respondió que trabajaba en una librería y que allí se construían vidas, porque las secciones que la componían eran solo para ayudar intelectualmente si la necesidad era expandir la mente; espiritualmente, si necesitaban alimentar el alma y ser más inteligentes; si la necesidad era sobre las percepciones y construir relaciones más armoniosas, tenían un departamento de sicología; en conclusión, tenían todo para cada ser humano.

A Alejandro le llamó la atención todo lo que esa mujer le hablaba y decidió tomarse el té con ella. Acompañados de la noche y el gato, caminaron hasta el lugar que ella le había indicado que conocía; era un café muy cerca de donde estaban y donde permitían entrar a los animales; ella se sentía muy bien en ese lugar.

Milena y Alejandro se sentaron cómodamente uno frente al otro, se miraron y sonrieron; eran como dos amigos de antaño reencontrándose de nuevo, queriendo revivir los recuerdos de aquellos tiempos de travesuras; ella sacó un libro de su bolsa y se lo entregó; era de carátulas rojas y letras doradas; el título decía: *Ser-Sentir-Crear: Las llaves del éxito.*

Le dijo:

–Cuando tengas tiempo, léelo; allí encontrarás el mapa que guiará tu vida hacia la realización. Son historias y mensajes con los que despertarás tu ser, allí comprenderás cuál es tu misión en esta vida y por qué estás aquí compartiendo esta realidad que vives; despertar y comprender la dimensión de lo que es el ser humano en todas sus facetas, te ayudarán a descubrir tu propio mundo y con el cual empezarás a identificarte; algunas te confrontarán y harán que te hagas preguntas, pero no te preocupes que todo tiene un inicio y un final, así que te puedo asegurar que en ese final todo será revelado para lograr entender el mapa, aquel que te llevara a dónde quieres llegar; será un autodescubrimiento para la realización y el éxito personal.

Otros relatos e historias te ayudarán conocer tu sentir, aquellas emociones de las cuales no eres consciente y que te han ido anclando a un pasado que ya se fue y que te ha marcado sin conciencia; en ellos tendrás herramientas para que en la ascensión como ser humano te proveas las emociones correctas y vivas a plenitud.

Una tercera parte te introducirá en mensajes claros de cómo todo es posible si te preparas para lograr tus sueños.

Él, no acostumbrado a tener recuerdos, lo guardó sin emoción en el bolsillo de su maletín ejecutivo. Se tomaron el té caliente y después se despidieron amablemente. "Hasta la próxima", se dijeron, deseándose buenas noches. Él no estaba acostumbrado a tener reuniones informales y menos con desconocidos, pero esa mujer lo embelesaba sin percibirlo.

Pasaron semanas hasta que llegó la primavera llena de colores y con mucha energía, Alejandro no había estado en su ciudad por un viaje a Europa realizado por cuestiones de trabajo, así que no había tenido tiempo de pensar en todo lo vivido en los últimos tiempos, ni se acordaba de Milena y menos del libro que le regaló.

Al regresar a su trabajo encontró mucha correspondencia y citas de trabajo; esto era algo que lo tenía agobiado, porque no le encontraba sentido a tanto estrés, pero él había asumido que eso, no tener tiempo, era ser exitoso; no quería darse cuenta que estaba repitiendo el mismo patrón de su padre y por no ser consciente de esto guiaba su vida hacia el fracaso personal.

Su padre nunca tuvo tiempo para su familia; fue un hombre emprendedor pero con una vida familiar en crisis; les dejó dinero pero no amor propio y menos amor por la familia.

Cuando iba saliendo de la oficina, la secretaria le entregó un sobre cerrado pero sin sello postal.

Le preguntó acerca de quién lo había llevado. No supo contestar, ya que se lo habían entregado en la portería del edificio.

Abrió el sobre. Era una invitación al café para tomarse un té. Sonrió y aunque lo pensó, le gustó la invitación; así que decidió acudir a esa cita; le gustaba la manera que las circunstancias se presentaban y quería envolverse en esa historia que le apasionaba.

Entró al café y saludó cortésmente. Alejandro era un caballero de buenos modales, fino y guapo.

Se saludó con Milena con beso en la mejilla, como dos grandes amigos a los que unía una linda amistad.

Ella era elegante, de un corte sin igual; para él era como un ángel en su vida; por eso le había interesado la invitación, y sentía empatía por ella.

Él le conto que se había ido por tres semanas a Europa por asuntos de trabajo y ella le dijo que lo sabía; él se sorprendió, pero no le dio trascendencia a su comentario, así que le pidió que le contara acerca de su vida.

Milena le contó que siendo pequeña su madre la había entregado en adopción a una pareja; ella lo había sabido siempre, porque sus padres adoptivos habían sido blancos. Él le preguntó:

–¿Eran? ¿Por qué dice eso?

–Sí, ellos murieron siendo yo aún muy joven. Ese dolor llenó mi existencia, dejándome en shock; ya había vivido la separación de mi madre biológica y entonces viví otra con mucha tristeza; pero algo cambió mi vida después de esa realidad; ellos dejaron dentro de una caja fuerte un sobre para mí, en el que había muchas hojas como de un libro de recetas.

Pero era tal mi dolor por sus pérdidas, que dejé a un lado ese sobre, que en ese instante de mi vida no tenía ningún valor. Ellos habían dejado mi vida asegurada y así pude estudiar literatura, la pasión de mi vida.

Cuando me gradué en la universidad, decidí construir mi propio negocio, y fue así que monté mi librería.

–Oh ya comprendo -le dijo Alejandro-, todo encaja muy bien en su vida. Usted es una persona muy culta y todo se debe a que es una buena lectora, me imagino que por eso fomenta la lectura para el crecimiento del ser humano.

Milena lo escuchaba atentamente y le contestó:

–El ser humano es valioso en todas sus etapas; cuando se es niño se aprende a cada milésima de segundo; cuando se es adolescente se quiere experimentar rápidamente lo que los sentidos le han enseñado como realidad; y cuando ya se es adulto, guardamos lo aprendido y empezamos a descubrir nuestros propios valores, en los que la inconciencia está a flor de piel; queremos hacer todo a nuestra manera y fue entonces cuando toda mi vida cambió.

Me sentí segura de mi misma y me lancé a crear todo a mi manera, sin pedir asesoría a personas expertas, que me guiaran en lo que yo no tenía conocimiento, y fue así como fracasé perdiendo una considerable suma de dinero, dejándome casi en la pobreza. Digo casi porque lo único que no perdí fue la fuerza que mis padres adoptivos me enseñaron, aquella que se lleva adentro y que te alumbra de nuevo el camino. Vivía en un pueblo cerca de la capital y por eso decidí hacer cambios sustanciales en mi vida.

Salí y me vine a esta ciudad donde mi familia había construido cierto grupo de amistades, aquellas que aún guardaban sus recuerdos como algo preciado.

Busqué trabajo en aquella librería que le he contado, donde soy la administradora, pero más bien mi oficio es construir vidas, aquellas que se encuentran vagando como zombis, desperdiciándose en la inconciencia total y perdiendo la carrera de la vida.

Aprendí que dando es como se encuentra la verdadera felicidad; cuando das de tu tiempo, ves un camino más iluminado; si das consejos, el alma aprende más; cuando ofreces sonrisas tus órganos agradecen el gesto y te proveen de salud. Alejandro, solo aquel que se compromete a ser él mismo es quien vive pleno de felicidad, sin ataduras que lo limiten y le llenen la vida de frustraciones. Vivir es maravilloso, ¿o no te parece, amigo?

Alejandro sorprendido solo atinó a mover su cabeza en señal de aprobación; estaba sumido en la magia de las palabras de Milena y se mantenía callado.

–Ahora –continuó Milena– tú que has sacado tiempo para esta cita, estás recibiendo mi energía y me engalanas con tu presencia; ¿sabes que tienes un don hermoso?

–No, ¿cuál?, dijo Alejandro.

–Escuchar. Te la has pasado escuchándome todo el tiempo, y eso me retroalimenta. Cuando el alumno está listo, el maestro aparece le dijo.

Milena decidió dar fin a la conversación de esa noche, porque estaba muy cansada. Se despidieron y decidieron que se verían pronto en casa de ella.

Alejandro se sentía más relajado y sonriente, tenía mucho que preguntarle a esa perla negra que le iluminaba todas las noches con sus frases incuestionables; ella le estaba ayudando a despertar y el aún no lo percibía.

A la mañana siguiente, Alejandro llegó radiante a su oficina, lucía fresco y más relajado; la secretaria le sonrió y le saludó amablemente; sorprendida ante tanta simpatía, le preguntó si deseaba tomar un té, y él muy cortésmente le dijo que sí y "sin azúcar", le contesto.

La secretaria volvió con la taza de té y quiso entablar una conversación con su jefe, algo inusual para ella, que estaba acostumbrada a las frases cortantes de él.

–Hoy es un día excelente, todo aquí irradia armonía y se siente un ambiente fresco, dijo ella.

Él le quedo mirando, le sonrió y le pidió le entregara el horario de las citas del día. Ella se lo entregó, pero hubo algo para ella fuera de lo normal: él le pidió que lo comunicara con su madre.

Alejandro, sin darse cuenta, estaba sufriendo una metamorfosis; ese ángel negro le estaba llevando hacia el camino del despertar y aún no era consciente; solo las personas de su entorno estaban viviendo su cambio.

Esa noche decidió ir a visitar a su madre y en el camino le compró flores. Lo esperaba con alegría y sin reproches, con un abrazo y un beso en la mejilla, muestras de afecto que le devolvieron de nuevo la confianza en la vida, la que él había permitido que le arrebataran. Aunque ya estaba en el camino de redescubrirla, aún faltaba para que ese milagro se produjera.

La visita a su madre lo dejó radiante y lleno de felicidad, por lo menos así lo sentía; fueron solo palabras de amor las que recibió de su madre; sentía que su corazón extasiado le devolvía vida, estaba renovando todo su ser y había empezado a mirar a su entorno.

Pasaron dos semanas de mucho trabajo antes de las vacaciones de verano, y no había tenido tiempo de ir a tomar un té con su amiga. Sentía que le hacía falta, pero el deber lo amarraba a su oficina; se decía: "En estas vacaciones dedicaré tiempo a disfrutar de su compañía y su conversación. Es un ser extraordinario; con cada palabra que pronuncia quedo perplejo; es como si me leyera la vida presente, pasada y futura; ¿o acaso el destino la había utilizado para que recreara mi vida como en un espejo?".

Ella le devolvía el alma con cada palabra, no era deseo lo que sentía, sino un amor infinito que su alma empezaba a sentir y por el que él quería descubrir más de ese ser que le estaba guiando en la oscuridad.

Sonó su teléfono celular. Era ella la que lo buscaba para que pasara por su apartamento a tomarse una limonada que había preparado especialmente para él en ese día tan caluroso; el accedió y se encaminó hacia allá.

Emocionado por volver a verla, se olvidó del maletín ejecutivo. Ya había cosas que no eran relevantes para él; todo estaba sufriendo un cambio, y la vida, sin proponérselo, lo estaba llevando hacia otros terrenos de los que ni siquiera se percataba; sólo vivía; era como si estuviera renaciendo y como la oruga se estaba revolcando en su propio mundo para así, algún día, resurgiera como un hombre feliz y próspero en su vida personal.

El apartamento de Milena era pequeño, pero se sentía armonioso; un olor a canela invadía el ambiente. Alejandro le saludó afectuosamente y la siguió a la sala. Allí sentados frente a frente, se quedaron callados. La complicidad de sus miradas los dejó sin palabras. "Bueno, dijo Alejandro, el apartamento se siente muy agradable, tiene un ambiente muy especial y casi puedo decirte que me siento como si el tiempo no existiera, como si me hubiera transportado a otra galaxia"; ella sonrió y solo le contestó, "Gracias, ya regreso, voy por la limonada".

Milena, de raza negra, acostumbrada a que Alejandro la mirara fijamente, no se sentía mal, sino más bien le sonreía siempre que él se quedaba escuchándola.

–Hoy es una tarde especial. La radio ha dicho que los vientos han desviado una tormenta y la han disuelto en el trayecto, así que todo está en calma para todos.

–¿Estás emocionada por el tiempo?, le preguntó él.

–Sí, hay que agradecer a la naturaleza. Nos premia con un clima tranquilo, y aunque después de la tormenta viene la calma; hoy no tuvo que ser así, las circunstancias se presentaron de otra manera; pero lo que sí es bueno saber es cómo los efectos climáticos se parecen a nuestras emociones, suben, bajan, fluyen, golpean y hasta dejan tristezas en cada uno de nosotros y en nuestra vida personal; pero hoy solo nos ilumina para así poder desplegar sabiduría y vivir cada segundo sin preocupación.

A veces, dijo Milena, esa estrella que nos ha iluminado desde niños no la volvemos a ver, ya no vemos igual; nuestro sentir se vuelve reactivo y nuestra mente se atrofia, dando paso a una vida desolada y triste; así viven millones de personas en este mundo; y no es que la vida sea así, no, los seres humanos se han encarcelado en sus propias percepciones; no quieren cambiar la realidad actual y vivir según su interior. Otros han llegado a invadir sus vidas dejándolas opacadas y muchas veces arruinadas. Todos han creído que ese es el destino.

La ansiedad crea desórdenes alimenticios, disparando los altos índices de obesidad o desnutrición por la bulimia; están esclavizados por sus propios errores; han dejado perder sus sueños en la oscuridad; la semilla jamás germinó, se volvió polvo para alimentar a los marranos.

—Usted habla como si no fuera de este mundo, dijo Alejandro.

—Eso siempre creen las personas con las cuales hablo en la librería; pero lo que pasa es que he despertado la información de mi interior y comunicándome con esa energía inteligente que todo lo creó en perfección, he comprendido la grandeza que hay en mí; dejé que la semilla brotara y diera frutos; hoy y cada día riego mi jardín con amor y paciencia, donde solo veo la maravilla de la creación. Aprendí a ver en todo el milagro de la vida y eso me ha dejado llena de paz.

Las leyes de la creación son perfectas y están siempre presentes en todo; el que no las veas no quiere decir que no existan; cuando aprendas a ver con otros ojos, todo será diferente para ti, le dijo Milena.

Ella cambió la conversación y le preguntó si le gustó la limonada y si quería más.

—Está deliciosa, contestó, pero aún me queda un poco. Tiene un sabor a cardamomo, ¿cierto?

—Sí, dijo ella, las especias y su mezcla siempre han sido de mi agrado y disfruto con ellas haciendo variedad de bebidas refrescantes, como para este lindo día.

Sabes, Alejandro, mis ancestros africanos poseen una gran alegría, es como si llevaran en la sangre otra configuración; gozan de todo y en sus vidas se sienten plenos; no es que no deseen prosperidad, solo que ellos viven con lo que necesitan realmente, así no tienen sufrimiento queriendo tener más y, a lo mejor, para botarlo.

¿Recuerdas la historia de los tres magos que fueron a visitar al niño de Belén? Bueno, allí entre ellos iba Baltazar, el negro sabio que hacía parte de la buena nueva; siempre hemos estado presentes en todos los momentos de nuestra historia; esa estrella polar que los guiaba es la misma que te está guiando a ti hacia tu conquista; vuelve a recordarla, allí ha estado siempre y tú no la has visto, has cerrado tu corazón a la belleza que hay a tu alrededor; la naturaleza es perfecta, en cada rincón hay oportunidades asombrosas para tener una vida plena.

Alejandro interrumpió y le preguntó:

—¿Cómo puedes tener tanta información y sentir hermosa la vida?

—La información no es exclusiva de algunos o de algún grupo, todos la poseemos; solo decidimos acceder a ella o dejamos que otros hagan el trabajo por nosotros. ¿Creamos nuestra propia historia o dejamos que otros la escriban y nos dicten como vivirla? Es tu responsabilidad. Por ejemplo, tú estás viviendo y repitiendo la misma historia de tu padre, ¿crees que eso es vida? Estás muerto en vida y lo único que has dejado en tu caminar es un valle desolado y árido, como si la vida fuera hacia el pasado siempre; es por eso que muchos viven infelices, siendo jóvenes de apariencia vieja, con el alma carbonizada por sentimientos negativos, creando más infelicidad en el entorno; ese es el cuadro que presentamos, una vida sin sentido.

Las horas iban pasando y la noche se acercaba con una Luna que ya coqueteaba desde el cielo; eran tiempos de pura creatividad. Alejandro y Milena seguían deleitándose con sus vidas. Él estaba allí porque ese era el lugar en el que tenía que estar y ella había estado esperando el momento de dejar que su vida se engalanara regalando vida a aquellas almas que van por la vida muriendo segundo a segundo sin darse cuenta de la maravilla que vive en su interior.

El turno ahora era para Alejandro, su amigo, aquel que en ese viaje comprendió que la necesitaba, tenía en su interior una brújula que indicaba el norte sugerido de necesidad espiritual, y El era el siguiente. Ella conocía bien el propósito de su vida y disfrutaba sembrando alegría al ver el rostro de cada uno al comprender el milagro que vivía en ellos.

Cuando ya era hora de partir, Alejandro solo atinó a decirle que el tiempo se hacía corto a su lado. Milena sonrió y lo acompañó hasta la puerta.

—Espero que regrese de nuevo, aquí será siempre bienvenido.

—Se lo prometo, no habrá nada que me haga desistir de mi ritual, ya me hace falta escucharla.

En el apartamento de Alejandro había un desorden en todo, él se sentía desubicado, casi que empezaba a darse cuenta de que en verdad estaba cambiando; empezó a organizar sus cosas y con cada movimiento vibraba una emoción que no entendía, algo pasaba con él, se sentía maravilloso y muy energético.

Estaba bailando su música preferida y bebiendo una copa de vino y decidió llamar por teléfono a su amiga, que le había invitado a la consulta de aquel médico y en cuyo consultorio encontró su salvación sin proponérselo; quería hablar con ella y contarle todo, pero nadie levantó el auricular, así que se dijo: "Será otro día".

Al siguiente día de sus vacaciones tomó la decisión de invitar a su madre a una estadía en la playa, así que la llamó y ella emocionada le dijo que cuándo; Alejandro le dijo que en dos días. "Voy a realizar todo lo pertinente y nos vamos a descansar y compartir muchas cosas, además necesitamos hablar. Madre, continuó Alejandro, la vida me ha dado unos regalos tan sorprendentes, que necesito compartirlos contigo".

En dos horas tuvo todo listo para salir a su descanso merecido, pero esa noche decidió ir a ver a su amiga Milena y contarle de sus progresos.

Llegó y timbró, salió una anciana que no oía bien y le hablaba fuerte; él le preguntó por Milena y ella sorprendida le preguntó:
–¿Quién es usted?
–Un amigo suyo.
–Bueno, me sorprende que siendo amigos no sepas que hace unos meses tuvo un accidente y murió,

Alejandro se agarró la cabeza, se la estrujaba sin comprender qué era todo eso que le estaba pasando. Se sentó en el primer escalón y empezó a llorar, necesitaba a su amiga o quien fuera realmente. De pronto recordó el libro que ella le había entregado y salió corriendo hacia su oficina que quedaba cerca, el lugar donde había dejado su maletín ejecutivo.

Él necesitaba respuestas y estaba seguro de que allí las encontraría.

Entró y tomó su maletín, lo abrió y tomó el libro, se quedó perplejo al leer el título: *Ser-Sentir-Crear: Las llaves del éxito*. Empezó a darse cuenta que leerlo le producía una magia interna y su corazón estaba extasiado por esa sincronicidad de acontecimientos; ahora comprendía la magia de la vida, le entusiasmaba a cada segundo y deseaba seguir leyéndolo.

En la primera hoja decía:

Ser
"Despertando tu inconsciente encontrarás la sabiduría de tu ser".

Sentir

"Si sanas tu pasado hallarás el paraíso en el presente, encuentra la emoción correcta a cada circunstancias, no la alteres y menos la saboteas; esta será la manera de tener una vida emocional sana e inteligente.

Crear

"Aprende a ser creativo con lo que tienes dentro de ti, todo está dado para que unas las piezas para el éxito personal".

Cuando lo iba a cerrar cayó al suelo una hoja suelta donde solo decía, "Perdóname, pero tuve que irme, no quise despedirme para que no sufrieras, no es un adiós, solo un hasta pronto. Sabía que irías a buscar el libro sólo cuando yo hubiera partido; allí empezarías a recordar muchas cosas, por eso mi misión ya había terminado; no se deben crear relaciones dependientes, todo tiene su momento y tú debes seguir tu despertar, si en verdad eso es lo que deseas.

"La vida tiene muchas cosas para regalarte, no las desperdicies, aprende a descubrirlas y a vivir con intensidad pero sin obsesiones. A veces en las cosas sencillas encuentras una piedra filosofal que es la clave a tu encuentro personal.

"Alejandro, en cada capítulo encontrarás historias mágicas que te abrirán un sinfín de oportunidades a tu autoconocimiento. Son historias y reflexiones que deleitarán tu existencia, no desperdicies palabra alguna de sus mensajes; serán un oasis en el caminar de la vida diaria. Recuerda que tienes un lindo talento, sabes escuchar, aprovéchalo para darle vida a tu propósito de vida.

"Recuerda, no estás aquí por casualidad, tienes una misión en la vida y tu deber es dejar la semilla del despertar al conocimiento en cada ser que halles en tu caminar; si no te escuchan, sigue que aquel que lo necesita, lo hallarás; ya distes los pasos para elevar tu conciencia, pero tu despertar debe continuar; solo quien se prepara cada día, puede hallar la sabiduría, despierta ese gigante que vive en ti.

"Ve a tus vacaciones con tu madre y disfruta de cada momento, sigue al pie de la letra lo que contiene este libro. Este era mi regalo para ti; también, yo lo recibí hace muchos años de parte de mis padres; aprovecha y construye tu camino con tu sabiduría interna, aquella que empezó a despertar en ti hace ya algunos meses.

"Cuando estés preparado, encontraras el mensaje de que hay alguien esperándote para escucharte. Recuerda que dando es que se recibe felicidad. Regala de tu tiempo para escuchar. Habrá alguien que necesitará los oídos de tu corazón; regala de tu tiempo para amar sin apegos y sentirás que cada día tu vida se llena de felicidad. Nunca mendigues amor y menos lo des con recelo.

"Da de tu tiempo a tus seres queridos, ellos necesitan de ti; nunca seas egoísta controlándolo, como si estuvieras en una cita de negocios.

"Vive con intensidad y disfruta de lo que hay frente a tus ojos, las señales de la vida están constantemente con nosotros; así que no desperdicies momentos que no volverán y muy pronto encontrarás respuestas a tus preguntas; deja que la vida te siga enseñando, sin alterar nada, porque todo está allí para que lo tomes o lo dejes. Si sigues los pasos de tu inconsciente, construirás un camino en comunión con el inconsciente colectivo, dejando aromas de paz y armonía en tu vida y en todos aquellos que se crucen contigo.

"Nunca dejes de sorprenderte con todos los acontecimientos que empezarán a deleitar tu existencia, ni dejes de vivirlos con intensidad; siempre vive en paz.

"Cuando hayas penetrado en el interior de cada historia, tendrás una gran sorpresa que al final te abrirá la puerta a seguir; será el mapa que te guiará para descubrir tu verdadero camino. Pronto lo reconocerás, la vida te dará las claves necesarias para encontrarlo; recuerda, todo tiene su momento y será cuando la iluminación de tu ser guíe tu existencia; allí comprenderás cómo los acontecimientos se suman y se restan para dejar tu vida plena, sin apegos y libre de ataduras, solo viviendo feliz contigo mismo, porque serás tú quien encuentre el tesoro de tu vida y crearás un mundo mágico donde solo cabe tu plena realización como ser humano.

"Adiós, querido amigo. Sé feliz siendo tú mismo.
Milena.

CAPÍTULO 2

SER

"La última etapa de la razón es reconocer que hay una infinitud de cosas que la sobrepasan. Ella es la debilidad misma si no llega a conocer esto".

Blaise Pascal (nació el 19 de junio de 1623, en Clermont; murió el 19 de agosto de 1662, en París).

Sintonía

Jorge, un joven empleado de un restaurante, vivía en Los Ángeles. Era diferente a muchos, o por lo menos así se sentía; quería alcanzar lo que se había propuesto al salir de su país natal. Escuchando un clásico de la música sentía que recorría por su cuerpo el vino de la vida, ese que iba embriagándole, dejando un suspiro de aliento fresco; recordaba todos aquellos momentos de amor que había dejado de sentir en su vida y lo maravilloso que era vivir desde el conocimiento interno de las maravillas de la creación perfecta, de la verdad del ser, como partícipes de una realidad que pertenece a cada una de las personas.

Desde pequeño siempre jugaba con los electrodomésticos de su casa; los dañaba, recibía castigos por ello, pero era testarudo, como decía su madre. En cierta ocasión estaba frente a la radio de su humilde casa y escuchó una música que lo embelesó; era mágica y lo dejó extasiado; no comprendía, pero hubo un cambio inminente en su ser.

Aunque no lo entendió, en su inconsciente había quedado la llama encendida de su propósito de vida, que había generado una sintonía; él no era consciente y siguió su camino. Aún no era el momento.

Viviendo en esa ciudad de enormes avenidas una vida siempre agitada, Jorge no perdía esa fascinación por la música clásica; así, seguía en éxtasis y su ser se llenaba de inmensa alegría; su cuerpo, desde la cabeza hasta los pies, se iba relajando, dejándole inmerso en un mundo de felicidad, al aquietar su mente y darle paso a un sentimiento puro de amor hacia todo lo que era él.

Cerró sus ojos y meditando voló hasta el rincón de sus células, donde reinaba la paz y la armonía, no existía el tiempo; era una paz que lo dejaba sumergido en el calor de los sistemas internos y empezó a comprender lo desconocido que era para las personas la perfección del funcionamiento de cada célula; ellas crean grupos para el funcionamiento del organismo, en los que no existe egoísmo y menos envidias; cada una hace lo que tiene que hacer con sincronización.

Todo dentro de su ser era música, la que de niño lo había impactado, como si todas sus células le regalaran un concierto celestial, y sumido en ese encanto de magia voló hasta escuchar una voz que le susurraba con armonía.

La vida interior de cada ser es tan perfecta que en ella se posee toda la sabiduría para curarse, vivir en armonía con todo lo creado y ser felices por haber sido elegidos a venir a este mundo.

Cuando empieces a conocerte y a dar rienda suelta a tu sabiduría interna, será cuando camines por tu vida pleno de alegría, tolerancia, amor, gratitud y sin juzgar a los no despiertos; ayudarás a la humanidad hacia el conocimiento, no de tu verdad sino la de cada uno, pero con un amor inmenso por todo lo creado que nos deleita con sus formas, colores y sabores, y la empatía que nos une en armonía total.

Vivir es solo ser, no es difícil, es empezar a conocerse y dejar que sea tu corazón el que guie tu vida. Desecha lo que siempre has escuchado: el corazón solo sirve para palpitar. No, es un centro vital para tu existencia, es el guerrero que está al frente de cada una de tus batallas emocionales, el que pone todos sus músculos al frente para defenderte, no lo debilites más y empieza a reconocer que amar es la razón de nuestra existencia, así lanzaremos ondas de amor al Universo entero para hacer de nuestro plan lo más hermoso y relajante.

Amigo(a), este es un pequeño relato de amor que solo brota de mi corazón para todos aquellos que están despertando a ese amanecer que estamos descubriendo; dejemos que otros lo saboreen con la misma pasión con que fue creado.

Esta inspiración fue un soplo divino, un regalo del Creador a quien desea engrandecer el alma como tú. Nunca dejes de ser tú mismo y de seguir los pasos con conciencia hacia una vida en plenitud.

Jorge empezó a sentir una alegría desbordante en su vida; esto que había sentido y escuchado dentro de sí le había dejado con las energías necesarias para seguir con su plan de vida: ser partícipe de todo su talento y proyectarse hacia una vida más plena siguiendo los pasos necesarios hacia su realización.

Volvió a su trabajo lleno de energía, respiraba magia y en su mirada solo existía amor por todo lo que hacía; sus amigos y compañeros de trabajo lo admiraban y querían ser sus amigos; él había pasado de ser un amigo más para convertirse en un hombre carismático y lleno de pasión por la vida.

Hoy, Jorge pasó de ser un número más de la nómina en su trabajo para ser un hombre con calidad humana. Esto fue vital para lograr una posición más alta dentro de su departamento. La vida de este hombre había dado un giro por el que se sentía mágico y lleno de vitalidad; todos sus nuevos colaboradores empezaron a prestarle apoyo, por lo que consolidó un equipo de trabajo con altos índices de producción.

LA NATURALEZA DE SER

Era una mañana maravillosa, soleada y con unos paisajes armónicos; la fractalidad de la naturaleza creaba movimientos de tal magnitud, que solo su armonía se podía sentir con el corazón de la mente.

Alberto, aunque se sentía triste, quería dejarse llevar por esos movimientos que lo invitaban a otra dimensión, aquella donde él quería perderse y dejar que su vida se extraviara en la inmensidad del cielo.

Sus pensamientos volaban como cometas; en cada movimiento sentía un golpe en su mente que era como si quisiera despertarlo de su letargo interior y dejarlo inmerso, para siempre, en otra naturaleza divina; aquella que él llevaba dentro de sí y en la que, sin planearlo, estaba en su camino.

Un pájaro voló cerca de él y danzando tomó forma de rey, aquel que iría a dejarle sumergido en otro mundo.

–¿Por qué sufres, pequeño?

Asustado contestó: No soy pequeño. ¿Quién es usted?

–En mi reino eres un pequeño, aún no has comprendido la grandeza que vive en ti, has caminado por la vida sin conciencia y eso te hace pequeño e inocente ante la magnificencia de la naturaleza divina, pero no te preocupes por las palabras, aquí lo único importante es lo que tu sentir te diga.

Aprende a conocer la fortaleza del hombre y serás una persona que va de la mano de la naturaleza por el sendero de la realización; pero no olvides estar al cuidado de la mujer, quien será el otro lado de la perfección del Creador. Recuerda siempre estar en armonía con todos los opuestos, no desprecies y menos critiques, porque solo al conocer cada uno de los lados sabrás que allí está la sabiduría de la existencia, porque no hay nada bueno sin el lado malo, no hay alto sin su lado bajo; solo cuando comprendas y aceptes que la vida está regida por estas energías que todo lo complementan y no la rivalizan, será cuando se entra a comprender la dimensión de lo que somos nosotros y así aprender a no juzgar, solo aceptar y dejar fluir.

Deja que esta sabiduría te dé la capacidad de provocar los cambios que te lleven a la paz, la tranquilidad y la armonía contigo mismo y con todo tu entorno; sabrás que estas cualidades son inherentes a nosotros, solo que se han olvidado. Cuando se vive en armonía, somos uno con el Creador, dejando que la vida fluya a través de cada uno; no le ponga trabas y solo deja que las semillas que el viento sopla a tu alrededor germinen con naturalidad.

Observa cómo un niño sólo se maravilla con todo, deja que todo pase sin juzgar, solo ama lo que hoy tiene y deja lo que es del mañana; por esto, no se afane y viva el presente con intensidad.

¿Alguna vez has observado una parvada de pájaros en el cielo? Bueno, maravíllate viéndolos danzar, la naturaleza siempre nos está enseñando la naturaleza divina que hay en todo lo creado. No te pierdas del gozo de saber que cada paso en tu vida está lleno de belleza y oportunidades. Si tú no las has visto, no quiere decir que nunca han estado allí.

Confía en la perfección del Creador, sigue la corriente del río y rema a su favor; no busques cambiar el mundo, acepta y disfruta lo que la vida te está ofreciendo; será la manera de fluir con la naturaleza misma de la vida; recuerda, tu mundo no es la realidad de los demás, así que no entres con tu ego a considerar y esperar que todo sea igual como tú lo percibes, y verás que la vida será un elixir que te dejará en el Edén de tu mundo interior, bañándote con sabiduría.

No permitas que el vaivén de las emociones guie tu existencia diaria, sino que sea ese manantial inagotable que solo refresca la ladera de aquellos que están germinando a su lado; sé uno con ellos y siente que brota como una fuerza incesante de bondad y en armonía con la naturaleza infinita del amor.

Guía tus pasos sin correr, con la armonía de tu Edén interior y así será la manera de seguir preservando tu originalidad, porque antes de ser quien eres, eras solo amor, armonía y felicidad. Desde el océano infinito de tu ser viva el hoy con toda gratitud y pleno de felicidad.

Alberto estaba inmerso en su diálogo interno, en comunión con su inconsciente que le estaba conectando con Dios; permanecía relajado y dejaba que todo se diera así; sonreía como cuando era niño y gozaba con sus fantasías.

Esa música era el canal que lo había llevado a vivir la experiencia de estar viviendo esos momentos con intensidad; había sido el puente entre su ser interior y todas las fuerzas de la naturaleza que se habían confabulado para hacerle comprender el mago interior que llevaba con él; no había excitación, solo armonía y paz interior. De pronto sintió un calor en su cuerpo, el Sol comenzaba a calentar fuertemente y fue ese el motivo para salir de sus momentos mágicos con él mismo.

Abrió sus ojos, se sentó y se quedó mirando sonrientemente el horizonte, como si quisiera perderse en él.

Dio gracias por esas vivencias tan enriquecedoras y partió hacia su hogar a sembrar en el jardín de la vida las flores de amor.

SÉ TÚ MISMO

Leonardo viajaba desde su pueblo hacia la capital cargado de sueños. Deseaba ser músico.

Había nacido en el seno de una familia humilde, y aunque nunca había tenido acceso a alguna academia para estudiar música, sabía que dirigiéndose a buscar la oportunidad, la encontraría. Se sentía feliz y tenía el don de visualizarse cantando y grabando sus discos; nunca perdía la esperanza de lograr su anhelo. Desde niño jugaba con todo lo que se le atravesaba para producir sonidos con ritmo, lo gozaba y le dejaba momentos impregnados de su sentir que con el pasar del tiempo se habían convertido en la magia de su vida.

En su casa y con sus amigos gozaba ofreciéndoles conciertos, pero siempre a escondidas de sus padres; ellos se disgustaban con él, ya que nunca ayudaba en los quehaceres de la casa y se la pasaba creando sonidos y cantando.

Para sus padres ese era un oficio propio de gente viciosa y perezosa; ellos habían aprendido que la vida había que ganársela sudando fuertemente y en una lucha continua para conseguir el dinero. Le habían enseñado a sus hijos que los pobres no tenían derecho a nada, solo a trabajar y a llevar una vida difícil; este era el panorama normal dentro de ese entorno familiar; nadie revaluaba esos patrones tan arraigados en la vida de esa familia; y así seguían repitiendo la misma historia de sufrimiento y carencias.

Además, sus padres no creían que esa profesión fuera rentable y solo pensaban que le traería problemas a él y le dijeron: "Hijo, si tú te vas dejándonos solos, nos quitas tu ayuda física para trabajar nuestras tierras, pero tú vas a sufrir lejos de la familia, te vas ir tras un capricho que no vale la pena, cuando aquí en casa tienes un techo que te abriga". Leo, entristecido por lo que escuchaba, les prometió que triunfaría y les ayudaría económicamente. "Padres, dijo Leo, sé que les causo dolor con mi partida, pero espero que puedan aceptar mi deseo de triunfar en lo que más me gusta, y aunque no lo comprendan, espero que respeten y comprendan mi decisión. Hoy, antes de partir, solo me queda reiterarles mi amor y gratitud por lo que han sembrado en mí; aquellos valores de honestidad e integridad los llevo como un tesoro y nunca dejaré que el deseo de lograr mi sueño me robe la sencillez de corazón que siempre he llevado en mi vida. Estén tranquilos, porque nunca olvidaré a dónde pertenezco y siempre recordaré sus enseñanzas; cuando regrese, será cargado de éxitos, los amo y los llevo en mi corazón". Los abrazó y lloró junto a ellos para luego salir en busca de su sueño.

En la gran ciudad, Leonardo empezó a visitar bares y restaurantes en búsqueda de una oportunidad para cantar, ganarse la vida e ir construyendo su sueño; pero lo que nunca se imaginó fue encontrar tanta indiferencia y frialdad entre las personas que lo atendían; él no entendía por qué lo recibían con expresiones racistas, si sólo quería una oportunidad y estaba dispuesto a cantar lo que quisieran, con tal de ganarse la vida y empezar un camino lleno de notas; todo le resultaba tan difícil, que a la tercera semana pensó en regresarse. Dormía en un parqueadero y a veces lo dejaban que pernoctara dentro de algún vehículo; el hombre que se lo permitía, llamado Germán, le daba la oportunidad porque ya lo había visto en el restaurante donde iba siempre a cenar y le daba pena verlo tan desorientado y lleno de tantas ilusiones.

Una noche, Germán platicó con Leo, que se estaba convirtiendo en su invitado nocturno, y le preguntó qué sabía hacer de especial, para poder ayudarlo. Leo le contó el sueño que tenía y apenado le dijo que ya había visitado decenas de sitios buscando una oportunidad, pero siempre le decían que se fuera con su música a otra parte. "A veces es tanta la desilusión, que pienso en regresarme a mi pueblo; es que aquí todo está lleno de trabas y no quieren escucharme. Tal vez sea porque mi ropa no es la adecuada para ingresar a los sitios, pero no tengo más, sólo busco una oportunidad de que me escuchen y conozcan mi talento; pero bueno, seguiré insistiendo hasta lograrlo, porque creo en mi sueño y en mi talento, por eso estoy aquí: me siento músico y lo llevo en el alma".

Germán lo escuchaba emocionado y con cierta ternura. Él, un hombre de experiencia, le animó a seguir construyendo su sueño y le dijo: "Jamás te rindas, porque el mundo está lleno de aquellos que se rindieron ante el primer fracaso y nunca comprendieron que solo aquel que conoce el fracaso valora el éxito. Sigue y siéntete ya el músico que deseas ser. Y si sabes quién eres tú como ser humano, no permitas que te roben las alas, extiéndelas y vuela alto como las águilas; agarra tu guitarra y empieza inundar este parqueadero con melodías de esperanza y así el cielo abrirá ese mundo que tanto has deseado. Nunca dudes del Creador, él te ha dado todo para que logres lo que quieras, solo que debes vibrar al unísono con esa energía que te llevará escalera arriba, y si tienes que subirte a lo más alto para que todos te escuchen, pues lo vas hacer. Sabes, Leonardo, que he sido un poeta de barrio. Todo me ha inspirado en la vida; es por eso que todas aquellas poesías que he guardado por años, te las voy a regalar para que las conviertas en canciones de éxito; en ellas he dejado todo mi sentir y experiencias que la vida me ha regalado; desde un niño, hasta el aleteo de un pájaro han inspirado mi corazón; siempre he creído que nada pasa por azar y todo está allí para hacerlo físico; por eso llegaste a este parqueadero, tenías que empezar a venir a dormir en los vehículos que cuido, para así hacer realidad esta amistad. Hoy me siento feliz de que seas la persona a quien tenía que regalarle lo más preciado que he construido por años".

Leonardo, emocionado pero intrigado, le preguntó:

–¿Por qué a mí, acaso no tiene hijos?

–Llevo decenas de años viviendo en este parqueadero, creo que hace unos 30 años, desde que perdí a mi Carlitos y a mi esposa Carlota; ellos partieron dejándome solo. Una noche salí a cantar a un hotel famoso de mi ciudad, sí esa era mi profesión; siempre salía en las noches a trabajar y los dejaba tristes, pero lo que nunca imaginé era que esa noche nunca más los volvería a ver; así que a partir de aquel día fatídico decidí salir de mi ciudad y me traslade aquí y nunca más canté, me sentí culpable por haberlos dejado tanto tiempo solos y no haber disfrutado de mi familia; quedé sumido en una profunda tristeza, a tal punto que pensé en quitarme la vida; pasé tiempos renegando de la vida y me refugié en el silencio de por vida; callé mi voz en señal de protesta por mi destino; pero desde que te vi en ese restaurante, sucedió algo en mi vida; tú te pareces mucho a mi pequeño Carlitos y me alegraste tanto que quería estar a tu lado y ayudarte a realizar tu sueño. Eres un buen muchacho, se te ve en los ojos y esos no mienten; hoy que te he confesado mi secreto, he liberado mi espíritu y me siento más tranquilo, has sido como un remanso de paz que ha bañado mi existencia con frescos azahares y un rocío de amor; oh, muchacho, tú también has sembrado la esperanza de un nuevo amanecer en este pobre viejo y aunque tengo cierta edad, he vuelto a renacer. Leonardo, tengo una casa a orillas del mar y casi nunca voy allá por no permanecer solo; he preferido el ruido de las calles para sentirme acompañado, pero mañana quiero que vayamos allí para entregarte los cuadernos de mis escritos y además puedas practicar con mis otros instrumentos; te voy ayudar con tu sueño, como lo hubiera hecho con mi pequeño, ¿estás de acuerdo?

Leonardo emocionado le sonrió y le aceptó con gratitud.

Ya en la casa, Leonardo quedó asombrado ante el orden que encontró dentro de la vivienda; olió el aroma de aquel hogar que le estaban ofreciendo con humildad; se sentía emocionado y de pronto se acercó a una mesa para observar la fotografía de un niño moreno que poseía una linda sonrisa y que le recordaba una que sus padres le habían tomado un domingo después de salir de la iglesia; estaba conmocionado ante tantos eventos sincronizados que no podía digerir con tanta facilidad; pero aquel hombre que lo miraba con atención se dirigió a él:

–¿Estás confundido?, ¿acaso no puedes creer que la vida te pueda sonreír y te regale los primeros pasos hacia tu éxito?, o ¿es que no crees merecértelo? Si piensas así, estás muy equivocado y ya debes de empezar a vivir sintiéndote exitoso y feliz; tienes derecho a todo lo que tú quieras, pero debes prepararte para recibirlo; por ejemplo, si tu deseo es ser un cantante famoso, tienes que practicar y estudiar música; aprende de los que ya lo han logrado y haz de ellos tu modelo a seguir; otros ya lo han logrado y tú sólo tienes que darle tu toque personal y ascender a la cima. La vida es mágica, por tanto, maravillosa; eso lo he sabido siempre pero ahora tú has hecho florecer en mí la esperanza de la vida, así que yo te llevaré a la cima de la realización; hoy tú me ayudas y yo te daré mi parte; seré grato con la vida y contigo regalándote mi preciada experiencia como músico y te acogeré como si fueras mi pequeño Carlitos; sé que no puedo compararte, pero has sido mi ángel y sé que él te ha enviado a mi vida para que yo también despertara.

Leonardo y Germán se quedaron a vivir en esa casa, que empezó a inspirarlos con los ocasos y despertares del Sol; lograron armar un buen equipo de trabajo, a tal grado que las presentaciones públicas empezaron a surgirles con regularidad y Leo inició las clases de música, hasta que pudo empezar a musicalizar las poesías y regalarle a su mentor y amigo el deseo de escuchar sus poesías en una voz tan mágica.

Al pasar el tiempo, la fama empezó a llegarle al chico y mientras él subía de tono, la vida de su amigo se apagaba. Leonardo se dedicó a cuidarlo hasta que él, con una sonrisa en sus labios, pudo decirle, "Gracias, hijo, me voy feliz de haberte vuelto a ver, llegaste a regalarme estos años de vida tan maravillosos y yo te dejo mi legado y un secreto que está debajo de mi almohada, que rescatarás sólo cuando yo ya no exista. Hasta pronto y sé exitoso por siempre".

Pasaron unas semanas, y aunque triste, Leonardo se acordó de las palabras de su amigo y mentor y se dirigió a buscar debajo de la almohada, donde encontró un sobre grande, lo abrió y allí estaba el testamento que aquel hombre viejo había escrito muchos años atrás, cuando aún no lo conocía, pero ahí estaba el nombre de Leonardo. Esto lo impactó, pero recordó que él siempre le decía que la vida era mágica y que viviera creyendo que todo estaba allí para hacerlo realidad. Había aprendido a sentir la vida con más pasión y a darle más credibilidad a los acontecimientos. Su amigo le había dejado todas sus pertenencias y así lo había ayudado a lograr sus sueños.

Leonardo aprendió a vivir desde su interior y a dejar en cada segundo un aroma a paz y amor; la vida le empezó a sonreír y así llegó a ser un gran cantante de Opera que era lo que más disfrutaba. Volvió a su pueblo a visitar a sus padres y regalarles la dicha de verlo convertido en un artista feliz.

CONVERSACIONES PARA EL ÉXITO

Claudio era un joven de tan solo 18 años, que creía que todo lo merecía y por tal motivo todo lo tomaba de su casa, como si en verdad fuera el único dueño, aún sin importarle que tenía otros hermanos que también podían sentir lo mismo.

Un día, al querer tomar prestado a la fuerza el computador familiar y llevárselo a su habitación, no observó que estaba mal puesto un escalón de la escalera que llevaba desde la sala de tareas hasta las habitaciones y se cayó hacia adelante, y por intentar proteger el aparato y no hacer ruido, se cayó hacia atrás y recibió en el pecho todo el peso del computador; ante semejante ruido y el grito seco, todos se levantaron angustiados sin comprender qué había pasado.

Al llegar primero su mamá, Juliana, emitió un grito de angustia al ver a su hijo derrumbado y sin aliento en el primer piso. Todos corrieron y sin pensarlo dos veces llamaron a un ambulancia para transportarlo pronto a un hospital; respiraba, estaba pálido y sin aliento, no murmuraba palabra y solo emitía quejidos de dolor; no podía moverse y tampoco querían hacerlo sin la presencia de un profesional de la salud, para no cometer errores.

Claudio fue transportado al primer hospital de la ciudad de Miami. El diagnóstico fue preocupante: había sufrido un golpe tan fuerte en la columna, que debían de esperar el comunicado del especialista que lo estaba examinando, que les pidió un poco de paciencia.

Pasaban las horas y la angustia se apoderaba de la familia; pero de pronto el médico salió y les comunicó que debían de llenarse de mucha paciencia y amor hacia Claudio, que había sufrido fracturas en las vértebras dorsales y lumbares y aunque, pero no podía diagnosticar categóricamente que no volvería a mover su cuerpo, aunque sí podía decirles que si un milagro se producía, tomaría tiempo y mucha disciplina y actitud para soñar con otro tipo de vida. Lo único que podía aconsejarles era respetar las decisiones de Claudio y asumir mucha paciencia para dejarlo asimilar su nueva vida, que, por supuesto, no iba a ser de su agrado: "Está joven y va a ser muy difícil que él se resigne a tener una vida limitada, desde una silla de ruedas. Sé que es difícil aun para ustedes ver a su hijo en ese estado, cosas se han visto que han dejado a la ciencia llena de interrogantes, así que lo siento pero en realidad espero esto sea un motivo para hacer cambios conductuales dentro del hogar, además es importante que él vaya asumiendo con mucha serenidad esos cambios. Ustedes, queridos padres, son el pilar de su nueva vida".

Juliana y Édgar, padres de Claudio, estaban tristes y desorientados con tantas noticias desagradables y la información recibida no sabían aún como irían a llevarla a cabo.

Después de un mes de estadía en el hospital, regresaron a casa. Llevaban a Claudio en la silla; todos callados subieron al vehículo familiar y quisieron ayudarlo, pero él molesto les contestó que no, que debían dejarlo hacer todo para ayudarse en su recuperación. Ya en la casa, habían dispuesto una habitación en el primer piso para que realizara todas sus actividades.

En la primera semana no habló con nadie y eso les preocupaba; su silencio les atormentaba, se había vuelto irascible, los miraba molesto, como si quisiera hacerlos culpables por su postración en una silla de ruedas; así que decidieron ir a visitar a un consejero familiar para recibir alguna orientación que les proporcionara un poco de alivio y así poder ayudarle.

El consejero, un sicólogo de ascendencia china, tenía cierta reputación por realizar tareas titánicas con pacientes difíciles; les preguntó todo lo que necesitaba saber, pero algo insólito les comunicó: quería visitar a Claudio, para conocer más acerca de su personalidad.

Al día siguiente fue recibido y aunque Claudio estaba renuente, el sicólogo pudo franquear su puerta y entrar; ya frente a frente empezó a generarle cierta confianza para intentar llegar al interior de su alma. Comenzó preguntándole cómo se sentiría si su madre hubiera sufrido un accidente. Él, sin pensarlo, le respondió que sería muy doloroso para él, pero que no la abandonaría y le ayudaría en su recuperación; entonces el sicólogo le replicó: "¿Por qué, entonces, no permites que ella llegue a ti y te ayude en tu recuperación? Ella también está preocupada por lo que te pasó, pero no te condena, solo te acepta y desea tu mejoría; aprende a liberarte de esas emociones con la conciencia y empieza a vivir con libertad; será la manera de empezar un camino hacia la recuperación; recuerda, no todo está escrito sobre ningún ser humano. El poder está en ti y solo tú puedes lograrlo. Aprende a tener diálogos internos de autosanación espiritual, emocional y física; así lograrás construir tu modelo de vida que tanto has deseado; estás cerca de cumplir los 19 años y eres un hombre con anhelos de realizar estudios universitarios; qué mejor condición que empezar ese sueño con calidad de vida, siendo un ser pleno y con conciencia de todos tus acontecimientos, donde no des cabida a la culpa; Claudio, te voy a dejar un programa para siete días, para que lo realices tres veces al día, y si tienes deseos de conversar conmigo, no dudes en llamarme y te atenderé".

Hasta este momento, ya se había generado una confianza entre el paciente y el sicólogo.

La prescripción del sicólogo decía así:

Diálogos para el éxito

Primer día:
Despierta dando gracias por tu vida y empieza a decirte qué maravillosos son todos los dones que posees, enuméralos

mentalmente y, si quieres, grábalos para que en los otros tres tiempos los escuches.

Segundo día:

Haz lo mismo del primer día y además siéntete sano y visualízate caminando con seguridad hacia la universidad; da gracias por obtener esos logros y déjate guiar con amor, por ser tan bendecido por todo lo que la vida te ha dado.

Tercer día:

Pide un espejo, mírate con amor y siente que la energía fluye en tu ser, que te genera movimientos en tus piernas y que sientes un cosquilleo que te hace sonreír con ganas, carcajear con pasión y tu vida se llena de emoción. Realiza siempre las actividades de los otros días.

Todas las actividades se repiten a diario y tres veces al día.

Dialoga contigo, sé tu mejor amigo y aprende a decirte lo que le dirías a tu mejor amigo sobre el deseo de recuperación.

Cuarto día:

Hoy aprende a conocerte mejor y sé consciente de tu estado espiritual; reconoce que todo cuanto existe está en ti y que tú estás en cada cosa; no te creas único sin sentir la compañía de la Creación en tu ser. Cierra los ojos y visualiza a tus órganos crear todo tu ser en segundos; y a partir de hoy vas a empezar a preguntarte qué es lo que en verdad estás sintiendo y cómo influye en tus decisiones; así que aprende a tomar las mejores decisiones y llena tu mente de palabras de aliento.

Quinto día:

Ya conoces más de ti, así que hoy realiza un diálogo donde el éxito de tu vida se proyecta a la realidad inmediata, ya mueves tus piernas y empiezas a levantarte de tu silla sin ayuda. No permitas el desánimo, si llega por alguna falla, no sufras, tómalo normalmente e inténtalo en otro momento. De hoy en adelante tus diálogos internos serán de éxito en tu tarea de caminar hacia tus metas.

Sexto día:

Ya estás levantado, aunque con la ayuda de tu silla; no importa, pero ya lo lograste, siéntete ganador y empieza a verte y sentirte con éxito total; has aprendido a tener confianza en ti y eso es lo más importante. Ya has empezado a conocer tus emociones y a darles el significado que corresponde en cada situación, ellas no influyen en ti sin tu conciencia.

Ya sabes que eres un ser espiritual viviendo una experiencia humana y que todo lo que tu mente visualice lo puedes lograr, hasta convertirte físicamente en el hombre que fuiste hasta antes del accidente; no dejes que ese incidente te traume e intoxique tus decisiones de éxito; no permitas el autosabotaje y sigue tu progreso.

Séptimo día:

Ya estás dando los pasos hacia tu caminar normal y tu logro personal. Tus diálogos de autoestima y confianza en tu poder mental han realizado el milagro que tanto buscaste.

Yo no hice nada por ti, fuiste tú quien dio todo para lograrlo; lo has conseguido y eres un triunfador.

No te dejes manipular por tus emociones y sigue siempre dialogando con tu mejor amigo, tú; en ti está el poder para llegar a donde quieres, no lo arrojes a la basura y mucho menos permitas que te lo arrebaten, eres merecedor de todo y tienes un potencial enorme para hacer de ti la mejor obra.

Claudio se recuperó con tal rapidez que nadie podía creer, todos estaban atónitos ante sus logros, pero sobre todo porque también irradiaba felicidad y en su mirada había paz y amor hacia todos; su indiscutido cambio de humor y de cómo relacionarse con sus seres queridos había transformado todo su entorno en armonía para todos; se respiraba un ambiente lleno de la energía del amor filial.

Aquí lo más importante fue que no recurrieron a los reproches y solo hubo aceptación y compromiso con la recuperación de Claudio; él lo percibió en toda su recuperación física y espiritualmente. Ahora, con una sonrisa en sus labios, irradiaba tanta confianza y paz consigo mismo, que no necesitaba expresar palabra alguna;

con su mirar podían comprender que la transformación había sido en todos los aspectos.

"Les amo y gracias por tener paciencia y confianza en mí. Hoy he vuelto a nacer y me siento un hombre nuevo", les dijo sonrientemente, abrazándoles con amor e inaugurando una nueva etapa junto a su familia.

CAPÍTULO 3

SENTIR

"Hay que sentir el pensamiento y pensar el sentimiento".

Miguel de Unamuno y Jugo (Bilbao, 29 de septiembre de 1864 – Salamanca, 31 de diciembre de 1936). Fue un escritor y filósofo español.

MILAGRO DE VIDA

Ruth era una anciana que iba a cumplir 84 años y aunque conservaba el buen humor, se sentía cansada; seguía sola a la espera de que algún día apareciera su Pablito, aquel niño de tan solo dos años que le arrebataron de sus manos. Ya había llorado tanto, que en la profundidad de su existencia había una montaña estéril que segundo a segundo le había ido consumiendo sus lágrimas, hasta dejarla sin aliento.

¿Cómo había vivido con ese dolor tanto tiempo?, se preguntaba.

Hoy, como todos los días de su vida iba a la puerta de la iglesia, donde sentía paz; era un encuentro con lo desconocido, pero allí su vida tomaba las fuerzas necesarias para no perder la esperanza de reencontrarse algún día con su pequeño.

Desde aquel día, Juan, su marido, la había abandonado, culpándola de lo sucedido; eso había sido una bofetada a la lealtad; ya no confiaba en nadie. Le llegaban noticias de todas partes, pero ninguna positiva, así que decidió salir a buscarlo a diario; ella era la única interesada en que su pequeño apareciera; era pobre y, por supuesto, no poseía amistades influyentes que le dieran esperanzas.

Así, en esa espera había pasado los últimos 68 años de su vida, aguardando por él.

Una mañana de diciembre, cuando todos se disponían a celebrar la fiesta de Navidad, a la espera de la llegada de la familia para celebrar, decidió ir al pueblo vecino; no entendía por qué quería ir allá; tomó el bus y partió; había algo en ella que no comprendía; sentía una tristeza profunda que le quitaba hasta la respiración. Sentada en el primer asiento empezó a imaginarse a su hijo con hijos, por lo que ella ya sería abuela; sonreía de emoción, pero la realidad le endurecía el rostro. No quería que alguien notara en ella algún asomo de emoción por la fecha; en su interior llevaba aquel dolor que siempre mostró ante los demás; así lo prefería; se había alejado hasta de su propia familia y no permitió que hombre alguno se acercara a ella a enamorarla. Había cerrado cualquier oportunidad al amor; se entregó a la amargura por la pérdida, pero sobre todo por el desamor del marido y la indiferencia de los demás.

Durante el trayecto seguía sumida en sus pensamientos y siempre con la ilusión de encontrar el tesoro de su vida, su Pablito, aunque su corazón sólo palpitaba con la esperanza de encontrarlo; así, que cuando llegó, tomó su canasto, donde llevaba algo de ropa, y fue directamente a la iglesia y preguntó por el cura; le dijeron que esperara, porque estaba ocupado confesando a un joven.

El monaguillo le preguntó:

–¿Es urgente o puede esperar?

–No importa, lo espero, solo quiero hablar con él.

Cuando al rato, alguien le saludó amorosamente: "Buenas tardes, querida señora, en qué puedo servirle". Ella sintió algo extraño en su corazón: era una alegría inmensa que no comprendía, solo la estaba viviendo. El sacerdote y ella se miraron como queriéndose reconocer, porque había algo que le recordaba a su pequeño.

–Sí, hija, dime, te escucho.

–Padre... y le reveló todo su dolor.

Él, tranquilo, le escuchó todo su relato, luego la abrazó y le preguntó:

–"¿Te sientes ahora bien? Has despojado a tu alma de aquel fantasma que ha corroído tu existencia; no llenes cada rincón con amargura; florece en cada amanecer y no pierdas la esperanza de su regreso; ¿por qué no pensar que ha estado más cerca de ti todo este tiempo? Así tu vida habría podido bañar el mundo con amor; guardaste en tu cofre la llave de las oportunidades, dejándolas oxidadas por el rencor en tu corazón. Perdonar es darse la oportunidad de vivir sin arrastrar cadenas pesadas, ancladas en el recuerdo del odio. Sanar tu espíritu de toda indiferencia expande mejor tu vida desde el cenit hasta el ocaso. Sentir amor en el corazón es mejor que sembrar espinas de dolor, cosechando una vida estéril y llena de más espinas. No te juzgo, entiendo lo que viviste y nadie tenía derecho a quitarte tu tesoro, como me lo dijiste; pero en realidad dejaste de ver otros tesoros en ti que hicieran de tu vida un ser más hermoso de corazón, perdiste toda la oportunidad reservada en tu ser interior, la dejaste secar como se secó tu alma; allí donde mora la casa de Dios se fue tejiendo una maraña de sentimientos negativos; dejaste tu alma estéril convertirse en un fósil sin esperanzas; negaste toda posibilidad de amor, negando así la presencia del Ser.

"Hija, no llores más. Ora y entra en contacto contigo misma; allí encontrarás todas tus respuestas, aquellas que no has querido escuchar en todos estos años. Si apagas la hoguera encontrarás un manantial de felicidad; no dejes que ese óxido te siga invadiendo".

Un hombre que estaba sentado tres sillas adelante de ellos, que había escuchado todo, se levantó y con mucha elegancia en sus modales les pidió disculpas por su interrupción y les dijo que él había llegado a ese pueblo desde hacía un día en búsqueda de una verdad y quería saber si esa historia que la anciana había contado, le pertenecía a él.

–¿Cómo?, le preguntaron los dos, ¿busca a alguien?

–Sí, pero no tengo ninguna idea de nombres o personas. Perdonen, pero hace dos años empecé a buscar mi pasado. Tengo 68 años y construí una familia sin conocer nada sobre la mía.

Ruth y el sacerdote escuchaban con asombro, no podían creer que en este mismo momento se estuviera presentando este milagro de vida; el corazón de la anciana latía como si fuera a salirse de su cuerpo, no podía con la emoción que empezaba a embriagarla y a bañarla de felicidad.

Ella, sin pensarlo, le preguntó su nombre, pero él le dijo: "Juan".

Ruth se desilusionó, pero él prosiguió: "Es el nombre de mi padre".

Ella estaba perpleja y le preguntó:

–¿Acaso tu padre era de este pueblo? No creo que haya pertenecido a este lugar, tú luces elegante y lleno de modales, que es casi imposible que haya vivido aquí; a lo mejor se equivocaron con las indicaciones que te dieron.

Ruth dudaba, pero en su corazón reinaba la esperanza de que en verdad ya hubiera encontrado a su hijo perdido, que fuera aquel señor que tenía frente a ella, y que por un milagro había hecho el viaje para su encuentro.

–Sí, le dijo, él antes de morir me dijo que mi madre vivía cerca de aquí y se llamaba Ruth.

–¡No!, gritó Ruth con alegría, esa soy yo. Pero tu nombre es Pablo.

Él la abrazó y le dijo:

–Sí, lo sé, mi padre cambió mi identidad para poder llevarme a otro país, así me lo confesó; además, madre, él me pidió que te buscara y te dijera que lo perdonaras por haberte causado tanto dolor. Sufrió una enfermedad que lo postró por 40 años, le vi llorar y lamentarse por algo que hasta ese momento yo no sabía. Me crié con la esposa de él, que fue buena y me trató como su hijo; en realidad, mi padre solo estuvo contigo para tener un hijo, porque ella no podía concebir. Sé que esta verdad es dolorosa, madre, pero es mejor que la conozcas.

–No más, dijo ella en medio del llanto, no quiero saber más, déjame con la felicidad de tenerte de nuevo conmigo.

Él no dejaba de abrazarla y besarla; se hincaron y elevaron plegarias de gratitud por el reencuentro.

–Pero quiero -dijo Juan Pablo, como empezó a llamarlo su madre-, que conozcas a mi familia. Tengo una que amo mucho y como es Navidad, viajó conmigo para que me diera la oportunidad de encontrarte. Estaba en esta iglesia pidiendo al Santísimo que me regalara una señal con la que me anunciara si yo pertenecía a este pueblo, que tenía una madre y, a lo mejor, otros hermanos, cuando les escuché todo, y me emocioné al sentirme parte de la historia que susurraban en mis oídos. Sentía un suspiro divino que iluminaba mi alma; pero tenía que ser prudente y no dejarme llevar por la emoción de lo escuchado, así que me levanté a corroborarla.

Hoy, madre, es Navidad y tú eres el milagro de vida, el regalo reservado a mi existencia. Aunque hayan pasado muchos años y toda una vida separados, recuerda que la vida es maravillosa y que hay que vivir el presente, que es hoy.

El padre, emocionado, los vio partir hacia el hotel a reencontrarse con la familia. Iban caminando y abrazados como dos viejos amigos; ella caminaba despacio por su edad pero el hombre elegante no dejaba de mirarla con ternura y de ayudarla, tomándola con seguridad para que no fuera a tropezar con algo.

Los dos emocionados hacían paradas para mirarse y llorar de emoción. No podían dejar de expresarse lo que sentían con el encuentro, hasta que llegaron al hotel.

LA DANZA DEL SENTIR

María, como siempre, los miércoles a las siete de la noche iba a su iglesia. Era la cita que más anhelaba, una clase de meditación.

Cerró sus ojos y empezó a sentir el alma de la Creación perfecta en su organismo; inhalaba y exhalaba con armonía; su ser se elevaba hasta el atrio del Universo y dejaba que cada célula de su cuerpo danzara de emoción en su sistema interno de vida, dándole un motivo para sentir el sonido de la inteligencia celular que hay dentro de cada ser vivo, esa partícula única que trabaja al unísono con las demás células creando todos los sistemas que permiten el funcionamiento de cada parte del cuerpo y que la hacen única e irrepetible.

Abrió la puerta de su alma, sintió sus sentidos despertar uno a uno, consciente de todas sus potencialidades y percibiéndolos se identificaba con los sonidos de la naturaleza. En el umbral de su silencio interno escuchó la risa de una niña engalanando con exquisitez sus oídos ya despiertos. Ella escuchaba con los oídos del alma aquellas ondas rítmicas que brotaban en cada movimiento con que sus manos y pies llenaban el aire de pureza. Era un renacer como el de la mariposa que recién brota de su oruga; la niña danzaba y la dejaba en éxtasis, se sentía recostada a una nube, danzaba para deleitar los oídos de María y los de aquellos que están despiertos a la belleza del Universo creado por Dios.

Disfrutaba de todo lo que estaba oyendo, sonreía al escuchar cada nota de ese mantra que la había sacado de sus pensamientos limitantes y le regalaba la armonía con el todo. Estaba alineada con la energía universal.

Seguía en profundo silencio cuando escuchó otra voz que le decía: "No sufras y mucho menos dejes de sentir la realidad de tu existencia. Cierra todas las puertas de los sentidos y empieza a sentir con los del alma; será un comienzo para ver los milagros que la vida te entregará".

Estaba sorprendida, pero seguía sumida en ese paisaje mágico que su inconsciente le había creado. Escuchó de nuevo: la música es igual que conectarse con los ritmos de cada célula del cuerpo, donde hace una sincronización perfecta con la naturaleza; empieza dejando el mundo interior despierto a la belleza única que es la realidad, siendo ya otro ser humano; disfrutarás del sonido de la lluvia caer, no te enfadarás y te recrearás con sus notas; cada sonido será una nota de amor y dará sentido a tu vida; será un sentir diferente, la maravilla de la Creación empezará a brotar a cántaros, humedeciendo tu ser de paz interior.

En la inmensidad del océano, donde reina un mundo mágico, el ser interior se identifica y le recuerda que es parte de esa paz que has perdido y que quieres encontrar; son tan relajantes, que se utilizan para terapias alternativas de relajación; no te fastidies con los sonidos, disfrútalos y hazlos parte de ese mensaje del que la Creación te quiere hacer partícipe, relájate, empieza a escuchar desde el corazón y deja que la glándula del timo se fortalezca permitiendo entrar la armonía del amor y que cada célula de tus órganos se deleite con las palabras y sonidos perfectos del Universo. No sabes identificarlos, pero recuerda, en tu escenario de vida eres el actor principal y responsable de la obra; escribe tu propio libreto y deja rodar la obra.

La perfección de la Creación es tal, que tienes una farmacia dentro de ti; empieza a relacionarte con ella. La risa te da más tiempo de vida y ayuda al sistema inmunológico.

El gusto es por sí tan limitado para todos, que solo saben de los sabores de salado y dulce, porque se han acostumbrado a los sabores sintéticos y poco se deleitan con el maravilloso sabor de una fruta natural o de un vegetal; se ha dado rienda suelta a una vida sin sabor.

La vista, el regalo más maravilloso. Al despertar y ver la luz de un nuevo día, ves salir el Sol coqueteando con la Luna; ella dejándole su lugar y partiendo hacia otros horizontes a brillar, cuan coqueta, los cielos de aquellos que vibran con su inmensidad.

Si sientes la vida como un milagro, verás en cada ser vivo la mano de Dios, el pensamiento Universal hecho realidad en esta realidad física, donde todo se encuentra.

Como ya has dejado permear tu alma de sabiduría, verás a la Creación ser parte de ti y tú de ella. El todo eres tú.

El tacto, el sentido distorsionado. Se ha creído que tocar es malsano o, peor aún, negarse a sentir el roce de una rosa, con su frescura aterciopelada nos da sensaciones de amor y belleza; eso es maravilloso; no te pierdas el regocijo de la textura de las cosas que a tu alrededor decoran tu vida. Los bebés aprenden a ser más seguros si las madres les masajean sus cuerpecitos y crecen mucho más rápido.

Todo es tan perfecto y se necesita para que tú y todos estén aquí en este mundo creando la realidad, bonita o fea, tú eliges; yo la elegí maravillosa, no pido, sólo doy y eso me hace feliz. Ahora, ve y abraza a un ser querido o a alguien que jamás pensaste y regálele una sonrisa. Empezarás a sentir que tu corazón funciona de manera diferente.

A partir de este momento ya tienes una buena terapia para continuar con tu despertar espiritual; haz un plan diario para regalar abrazos, pero esos de oso que llenan el corazón de felicidad. Esta terapia, la abrazoterapia, es el mejor regalo para tu vida; empezarás a sentir que está cambiando todo a tu alrededor; regala sonrisas, da saludos con un apretón de mano; todo te será dado en cantidades enormes a tu vida en gratitud.

Ya es hora de salir de la cárcel emocional y dar lugar a un nuevo escenario que te proporcione libertad absoluta; tu cerebro te ha aprisionado desde el primer día de tu vida, repitiendo las mismas historias de tus padres, profesores o amigos, sin permitirte un mundo libre; tú has asumido que esa es la vida y has olvidado tu ser, tus sueños, aquellos que de niño(a) repetías como una lección. ¿Y sabes por qué? Porque siempre has estado aprisionado(a) en un mundo negativo, sin darte la oportunidad de volver a ser tú mismo, donde reine: "Puedo y soy capaz" y "Lo lograré". Esas palabras mágicas las has olvidado. Cambia y crea tu propio mundo, se dueño(a) de tu realidad y no se la dejes a los demás, aquellos que han elegido tu destino; revalúa y verifica todo aquello que has dado por verdad absoluta y comprenderás que entregaste tu ser para ser manipulado sin cuestionar.

Te has pasado la vida perdiéndote en tu propio mundo, te has encarcelado sin darte la oportunidad de sentir la vida como un regalo de lo más alto de la divinidad creativa que te envió a este mundo a cocrear la realidad y hacerte partícipe de las maravillas del Universo. Camina en tu propio sentir, no pertenezcas a los seguidores, se tu propio líder y encuentra el sabor a la vida, solo te pertenece a ti.

María seguía con sus ojos cerrados, como si estuviera en otra dimensión recibiendo una clase de vida; seguía sumida en su silencio, escuchaba en el fondo el mantra que la había llevado por la espiral del tiempo al encuentro con ella misma. De pronto aquella voz dejó de pronunciar palabra y la dulzura de la danza de la niña se iba desvaneciendo y perdía toda forma, de la misma manera que su realidad tomaba la forma física a la cual sus pensamientos la tenían anclada.

Abrió los ojos, sonrió y suspiró; sentía alivio, se quedó en un instante con la mirada perdida; en realidad no quería salir de aquel estado donde la magia de la alquimia le había transmutado su momento de meditación en un oasis de amor.

LA IMAGINACIÓN CASTRADA

Eran tres amigas jóvenes jugando en el patio de una de sus casas, con mucha empatía entre ellas; casi siempre se reunían para compartir sus alegrías y tristezas; jugaban a ser adultas y querían ya tener alguien que las amara. Reían siempre ante cada ocurrencia que surgía de ellas mismas. Sus familias se habían unido entrelazando vínculos por la cercanía de las tres.

Lo maravilloso de ellas era que sus tres nombres empezaban con la letra E. Elvira, de mediana estatura y contextura delgada, era la más jocosa y siempre le ponía humor a todas las situaciones; para cada evento de su escuela ella hacía de mimo; disfrutaba imitando la forma de caminar de los profesores, haciendo gozar a todos los presentes.

Esther era de ascendencia alemana y conservaba cierta rigidez en su conducta; decía que sus padres eran muy exigentes y querían conservar ciertos comportamientos y costumbres de sus padres. Ella los describía como muy amorosos y serviciales. Esther era la más lista para las ciencias exactas y quería ir a la universidad a estudiar Matemática pura; gustaba de la buena vida y era muy sincera con sus amigas.

Eleonora era la más desordenada y olvidadiza de las tres; todas se reían de ella porque dejaba las cosas en todo lugar y le ayudaban para que no tuviera problemas. Sus amigas la querían mucho, porque era un ser excepcional y su amistad era incondicional.

Estas tres amigas tenían una conexión entre ellas, se podían comunicar sin estar presentes y eso les parecía gracioso; esa facultad la utilizaban para jugar pero no lo comunicaron a sus familias, porque no querían que fuera permeada por ellos; era un secreto entre las tres, sin embargo, todavía no conocían la maravilla que poseían.

Una noche, en el patio de la casa de Eleonora se acostaron en círculo, juntaron sus manos y empezaron a deleitarse viendo la Luna y las estrellas; la noche estaba clara con la inmensidad de la luz que esos cuerpos celestes le regalaban y sus ojos iban cerrándose al sentir la grandeza de la vida. Elvira, que guiaba la meditación, era un ser extraordinariamente sensible y sentía ese momento una armonía en su ser y con voz suave pero clara dijo: –Despierta de la pasividad a un mundo maravilloso que el Creador te regala, regocíjate de las maravillas naturales que están en tu entorno, pero sobre todo, del ser más maravilloso sobre la Tierra: tú. ¿Te has puesto a pensar si vivieras una vida donde cada movimiento o acontecimiento te sorprendieran y en cambio de sentir miedo o indiferencia te maravillaras y te dejaras seducir por el mensaje que la vida da? Qué bella es la vida, es todo lo que siento al hablar y maravillarme de mi cerebro, ese órgano que no trae manual para ejecutarlo, esa gran obra que ayuda a crear lo que se quiere y que aún es desconocido para todos. El cerebro es una obra monumental que permite sentir, crear y hacer volar a la imaginación, a la sorpresa, a reír a carcajadas y dejar que la vida genere la pasión por lo que se ve, siente, huele y toca. Siendo la mayor obra sin explorar, la hemos desaprovechado, hemos perdido la delicia de imaginar, crear y sentir, porque pensamos que es cosa de niños y ya no nos maravillamos de nada, solo vivimos como muertos en vida, caminando como zombis, yendo por la vida sin sentido, perdidos como abejas, aunque ellas están en el lugar que les corresponden, alineadas con su norte, mientras nosotros no sabemos dónde estamos, colmados de confusión y eso que somos los seres más pensantes sobre la Tierra y los más inteligentes, supuestamente.

Hemos permitido que nos castren la creatividad, funcionando por referencia; vivimos solo porque nos dicen que vivamos, pero no sentimos, nos da miedo amar de verdad, sin condiciones, sentir la maravilla del sentimiento que genera bienestar en el alma y revitaliza todos los órganos, permitiéndonos gozar de buena salud y bienestar, porque el alma y el cuerpo son uno solo, generando una vida de excelencia y pasión.

Alineémonos con el Universo y sintamos que la vida cambia, generémosle valor a nuestra existencia y conozcamos la verdadera, que nos lleve a ser seres libres, a no actuar por valores que nos sacan de la línea del crecimiento personal, nos niegan el derecho a la elevación del conocimiento de nosotros mismos, a llevar una vida hacia el sentir de las maravillas de una sanación desde el alma; es vital que cada uno haga funcionar su cuerpo desde el sentir hacia el cerebro, para que haya siempre un vivir con plenitud y lleno de una energía que sale de cada una de nuestras células, una renovación celular a partir de la energía del amor.

Si nos ponemos a observar, nos han creado necesidades que nos llevan a consumir lo que realmente nos hace daño para vivir sanos, hemos dejado invadir nuestras vidas hasta el extremo de no saber si vamos o venimos o si vivimos; en verdad, no sabemos quiénes somos.

La vida evoluciona y los cambios se dan constantemente, son tan rápidos que ni se perciben; pero es peor cuando se pierde la oportunidad de ver crecer a los hijos, su primer paso y luego su caída; sus primeras palabras; muchos no saben gozar la delicia de ser padres, se niegan el derecho a disfrutar un juego en familia, porque eso hace parte del pasado; la tecnología ha invadido todo, hasta el extremo de que las personas se comunican solo por Internet estando en el mismo lugar; los avances tecnológicos bien utilizados son benéficos para el hombre, no para su destrucción. La facilidad de poder expresar, sin mirar a los ojos, es lo que destruye nuestro sentir; nos escondemos detrás de una cámara, para que no descubran y comprendan quiénes somos en realidad. La comunicación interpersonal dejó de ser relevante para la sociedad actual y nuestra creatividad ha sido reemplazada por un consumismo desmedido que está destruyendo una sociedad, con un riesgo inminente que nos llevará, algún día, a revaluar lo que somos actualmente.

No sientan miedo y aprendan de sus frustraciones; eso es normal y corriente; no somos los más pacientes en esta Aldea global, pero si empezamos a vivir o a ser con toda intensidad y luego le damos rienda suelta a nuestro sentir, generaremos un mundo creativo donde aprenderemos con la observación y a deleitarnos con toda la Creación; entonces, ya estamos despertando y seremos unos seres que volveremos a nacer en la dimensión de la integridad y felices por siempre.

Hubo un silencio prolongado, sentían que sus cuerpos flotaban, sus vidas se estaban transformando en un círculo de armonía y amor, ese que solo se siente y se disemina con la esperanza de verlo crecer en cada ser. Ellas sabían que había una unión que las hacia especiales, pero también comprendían que la misión era compartir su conocimiento con otros, para así esparcir la semilla de la Creación.

LA MAGIA DEL AMOR

Cierro mis ojos y siento que el corazón expande la energía que me hace vibrar de emoción, brota como el manantial que deja sus aguas cristalinas correr libremente y me permite emanar un suspiro de regocijo al sentir que la vida se hace realidad de manera maravillosa en cada órgano que hace parte de mi cuerpo.

Disfrutar de cada célula de mi cuerpo lleno de energía creadora es lo más equilibrador para generar un mundo de amor donde solo reine el aprender a ser, a tener el conocimiento de quienes somos en verdad, a retomar nuestro origen y a disfrutar de sus enseñanzas para lograr expandir nuestro amor a todos y cada uno, y así generar una cadena que nos haga libres como las aves que recorren los aires engalanando la belleza de nuestro entorno con sus aleteos que nos maravillan, con sus acrobacias en el cielo y que nos permiten volar con nuestros sueños de ser libres como ellos.

Cuando una parvada de pájaros surca los cielos es una danza de sincronización a tal perfección, que solo puede ser artífice de la mente infinita del Creador, regalándonos acrobacias de un lado hacia el otro y llenando los cielos de armonía total. Esta danza es un regalo de perfección total.

El corazón siempre lo hemos relacionado con el amor y no estamos equivocados; así es; cuando empezamos a funcionar desde este centro tan importante de vida es cuando comenzamos a desarrollar un nivel de conciencia más reflexiva, con la que podemos vernos a nosotros mismos por medio de los ojos de los otros y entender que los demás son tan importantes como nosotros. Cuando ya se ha llegado a este nivel de conciencia, en el que el egoísmo ha cedido para lograr el nosotros, es cuando se genera la fuerza vital de la vida.

Ya en este estado podemos amar y sentir fuertes impulsos y pasiones unos por otros, pero actuar desde este centro vital es dar forma a la pasión para cumplir con los verdaderos compromisos y obligaciones que corresponden al amor verdadero, el cual es desinteresado y no espera nada a cambio.

El amor se relaciona con el funcionamiento del sistema inmune, la glándula del timo y el bombeo del corazón, que nos dan inequívocas corazonadas que nos permiten saber quiénes somos en nuestras relaciones con los demás; así que cuando funcionan bien, actúan como un sistema inmune, que te advierte cuándo algo es extraño y necesita ser revisado antes de aceptarlo, saber cuándo algo tiene receptividad y afinidad contigo. Tu organismo, así lo dejara entrar a tu cuerpo, es perfecto, funciona como un portero que está a la espera del visitante y solo le permite entrar cuando te da seguridad. Si está sobreactivado necesitarás demasiada simpatía, pero si en cambio te encuentras subactivado, serás dependiente de los demás y te sentirás confuso y sumido en el miedo, habrá un caos interno que te generará todo tipo de enfermedades.

El centro cardíaco estimula energéticamente esa enigmática glándula endocrina que es el timo, situada debajo del esternón, íntimamente relacionada con el corazón. Según los fisiólogos, a partir del nacimiento y en la infancia la glándula timo está activa, y creen que su misión está relacionada con la conformación y génesis de los linfocitos T, importantes células del sistema inmunitario. En la pubertad, el timo se atrofia progresivamente. Entre los 18 y los 21 años, prácticamente es mínima su actividad, llegando incluso a una degeneración grasa de sus tejidos.

Después de los 21 años, cuando orgullosamente nos decimos adultos y que nos sentimos maduros para amar, es cuando hemos empezado a calcificar el corazón y el ser niño es propio de personas que no han crecido -esa es la expresión del mundo- pero lo que no saben es que sus corazones se han petrificado, creando la sociedad que hoy orgullosamente representamos: fría y despiadada. Así se pertenece a este tipo de vida.

Despierta, ponte la mano en el corazón y pregúntate si eso es lo que quieres.

La magia del amor se refleja cuando logramos conocernos y dejamos que sea solo el sentir el que reine nuestra vida, no le damos cabida al qué dirán y menos a una sociedad que ha dejado de sentir desde el interior, para darle importancia solo al mundo exterior, desconociendo la grandeza que hay en cada uno de nosotros. Si logramos permitir a la glándula del timo funcionar durante esta obra perfecta que es la vida, no la atrofiamos y la alimentamos con más amor, será cuando irradiaremos desde el alma nuestra energía de vida y de poder, que se expresará por medio del centro cardiaco, estimulando vigorosamente esta glándula y así impedir que deje de funcionar al unísono con la energía del Universo. Cuando esto ocurra, habremos aprendido a vivir, a identificar quiénes somos y a reconocer el secreto perdido de nuestra existencia como seres humanos únicos e irrepetibles: hemos venido a este mundo a ser lo que nos corresponde antes de partir.

La vida con amor es lo único verdadero, así que a partir de este camino podremos crear un mundo lleno de energía positiva, dando rienda suelta a las redes del amor, expandiendo la energía hacia todo el Universo y logrando que la belleza y la armonía nos permitan ascender a una vida mejor, la cual nos guiará al camino verdadero del amor absoluto: el amor Universal, donde reina la armonía y la felicidad.

A ti, que estás leyendo esta nota de amor, te invito a permitir que desde tu interior empiece a brotar el maná que te alimentará con las mieles de la creación perfecta y a generar un entorno positivo y creador, para que vayamos propiciando la cadena de amor que el mundo necesita y así nos liberemos de las cadenas de la esclavitud de lo negativo, como: "no es posible", "no puedo", "así soy", "qué puedo esperar", "así es el mundo" y todas esas expresiones de desesperanza que cada uno grita en silencio y que nos va consumiendo, dejándonos cansados y sin vida.

Tú eres importante para que la cadena de la perfección exista, no niegues esta verdad y retoma el camino hacia la felicidad, ahora levántate de tu sueño profundo y empieza a caminar por tu propio sendero.

Alicia seguía sumida en ese sueño, estaba embelesada y se sentía feliz; a veces sonreía como una bebé, gozaba de sentirse dentro de ese mundo tan mágico que le dejaba enseñanzas maravillosas de vida.

Ya eran las cinco de la mañana del lunes y de pronto escuchó que su esposo la llamaba apurado, era hora de levantarse y empezaba una semana laboral; su oficina quedaba lejos y debía tomar un tren en un trayecto de dos horas.

A propósito, ¿qué soñabas que sonreías con agrado?, le preguntó él. Ella, que aún se sentía maravillada, le sonrió y le contestó emocionada: "He tenido un sueño de esperanza, eran pautas de vida que jamás me había puesto a meditarlas; las conocía pero no las asumía con conciencia; hoy me las han dado como un tesoro, de tal manera que jamás podré olvidarlas. Esteban, la vida es tan hermosa que solo hay que dejar que ruede la película sin querer manipularla, no hay que editarla para mostrar lo mejor, solo vivir con conciencia y despertar la intuición para vibrar con la energía vital que nos da todo. A veces corremos porque vemos correr a otros, nos dejamos guiar por lo que vemos y no verificamos el contenido, generando respuestas con emociones erradas y, por tanto, una vida de crisis. Ya es hora de vivir vibrando al unísono entre nuestro ser y la energía universal, atrayendo siempre la abundancia de espíritu y de vida a nosotros mismos; esta será la manera de crear un mundo de magia y riquezas alrededor de nuestra vida".

Esteban, maravillado por lo que escuchaba, se acercó a su esposa, la abrazó y con sentimientos de gratitud la invitó a tomar un desayuno preparado por él. Estaba emocionado y feliz, ella también le estaba regalando la magia de la vida.

CAPÍTULO 4

CREAR

"Sólo en las regiones de la fantasía es dado crear; crear es la misión del genio".

José María de la Concepción Apolinar Vargas Vila Bonilla (Piedras, Tolima, 23 de julio de 1860 - Barcelona, 25 de mayo de 1933), conocido como José María Vargas Vila, fue un escritor colombiano.

La risa

De pie en la puerta de una tienda importante de la ciudad de West Jordan, Utah, Estados Unidos, un hombre discierne sobre lo que es verdaderamente valido para prestar un servicio al cliente, como generador de oportunidades para el crecimiento personal.

Reír es sencillo para algunos pero trágico para otros –piensa el empleado-, solo te miran de reojo y con desconfianza aquellos que tienen rota las esperanzas de una nueva vida, son los que con su mirada destilan desconfianza, pero siempre quedará la felicidad de recibir una sonrisa que sale del corazón de aquellos que viven sin ataduras, libres de la contaminación, la indiferencia y la apatía hacia una vida feliz, y de aquellos que sienten que vivir ya es una gota de rocío en medio de los jardines de la existencia.

Tener la oportunidad de ver la inmensidad de la Creación pasar ante sus ojos, de dar las gracias por todo lo recibido, le iban dejando más gratitud por todo lo que poseía en su trato con los demás. Ver a unos acongojados, a otros adoloridos por la vida, pero sobre todo a aquellos que solo van por el mundo caminando y atravesando puertas porque aceptaron que así es la vida y no han descubierto el poder que irradia maravillosamente la felicidad de sentirse vivo.

El mirar a los ojos con gratitud a una sonrisa o saludo que sale del alma es reconfortante y llena de bienestar, porque todo aquel que se regala a sí mismo el poder de la risa es solo quien puede compartir la maravilla de sentirse con vida.

Servir para algunos es sinónimo de debilidad, pero para él era el mejor regalo, porque disfrutaba con pasión su trabajo; además, aprendía de cada cliente o empleado que pasaba por su lado. Sentía emoción al ver todo lo que recibía, la vida lo hacía partícipe de las maravillas de compartir las miradas de gratitud en un mundo desolado y lleno de desconfianza.

Julián seguía reflexionando y como era su ritual de amor, se acercaba a cada persona con una sonrisa a flor de piel y le regalaba sus palabras.

No se niegue el derecho a sentir lo maravilloso de una mirada pura y grata de un niño, el saludo de un anciano que con el correr por la vida, a muchos, se le ha arrugado el alma más que la piel.

Sonreír es para el adulto un signo de vergüenza, que se cree más seguro y dueño del mundo y esconde sus debilidades ante respuestas duras y frívolas, pero, aun peor, a sus indiferencias hacia un pasado que genera sabiduría y es frívolo en un presente del cual se siente dueño pero que en realidad no es suyo, es solo un caminar que a todos por igual pertenece, e indiferente a todo lo que huela a ser feliz, porque felicidad es sinónimo de debilidad.

Reír genera armonía con el alma y ayuda al crecimiento personal; no se niegue el derecho a reinventar una nueva vida en la que reinen los valores, pero sobre todo que le generen valor, para así desarrollar un mundo cambiante con necesidad de amor. De recibir y dar un abrazo sincero que produzca cambios relevantes en una sociedad cada día petrificada por la falta de risa. Sonrían con ternura, que esta práctica refresca el alma y engrandece la vida, no se nieguen la felicidad de sentir los dones del amor que la Creación les dio.

Este ser, irreal para unos, irradiaba alegría y cantaba como los dioses, vivía pleno y vibraba con conciencia, forjando sonrisas de otros; su magia realizaba milagros en más de uno, que con el paso de los días se contagiaba de su positivismo. Cada segundo su mundo se convertía en magia, esa que él dejaba en cada palabra y acción; su ayuda hacia los otros era incondicional y llena de amor.

LA FELICIDAD INTERIOR

Ser feliz es muy sencillo. Es solo aprender a vivir desde el interior de cada uno de nosotros y dejar que todas las maravillas dadas broten para hacernos fuertes y llenos de vida, como un torrente colmado de energía y lograr ser libres y alcanzar los sueños.

Hoy la humanidad vive con pánico, con miedos que paralizan y adormecen la realidad interna de nuestra capacidad de amar, porque hemos aprendido desde afuera hacia adentro, nos maravillamos por el carro nuevo del vecino y ansiamos uno igual, pero no nos sorprendemos con la sonrisa de un nene, ni con las pláticas de nuestros ancianos que tanta sabiduría contienen; desaprovechamos nuestro sentir interior y pasamos a vivir por las referencias de lo exterior, dejando de amar por seguir estereotipos prefabricados de felicidad, cuando las maravillas de la felicidad están en nuestro interior, cuando todas las fortalezas para vivir están en cada uno de nosotros, en ese manantial incalculable que nos fue dado para lograr todo lo que queremos; hemos castrado nuestra creatividad y solo nos atrevemos a decir "así es la vida", lo que es negar que somos la creación perfecta, hecha del material más fino y potente de energía que recorre cada una de nuestras células.

¿Por qué buscar la felicidad en otros si está dentro de cada uno de nosotros?, ¿por qué negarnos el poder concedido para ser exitosos como seres humanos?, ¿por qué vivir con la referencia de otros? Quizás porque el entorno me lo impone; ya es hora de descubrir las fortalezas que hay tatuadas en nuestro interior, para así vivir con muestro sentir, dejar que aflore nuestra intuición para ser nosotros mismos, libres de la contaminación del miedo, la inseguridad, los odios, las ansiedades, los rencores y otros sentimientos negativos que nos alejan de la realidad interna de nuestro ser; de ese ser maravilloso: tú. Solo cuando aprendamos a vivir y a dejar que nuestro sentir nos guie, podremos comprender que el éxito está en nosotros, que para ser felices solo se necesita disfrutar de lo que somos, no de lo que tienen los demás.

Hoy maravíllese de su creación y dé gracias por su existencia; será la manera de sentir que el mundo es bello y perfecto; deje de lamentarse y ocúpese de vivir y valorar lo que tiene.

Aprendamos a descubrir que en nuestro interior hay una infinidad de riquezas; si las exteriorizáramos, lo más seguro es que seríamos felices, menos inseguros y más plenos, gozaríamos de la realidad de nuestro entorno, nos maravillaríamos con el canto de un pájaro, sentiríamos el caer de una hoja, porque despertaríamos el espíritu del amor desde el centro de nuestra esencia y sonreiríamos a cada instante con amor; no participaríamos de las emociones de los demás y dejaríamos que todo fluyera, permitiéndonos ser libres para ser felices. Solo cuando nos permitamos sentir la vida desde el interior, será cuando nos regalaremos la dicha de ser felices, porque a eso vinimos a este mundo, a ser felices siendo nosotros mismos; y eso es muy fácil, es solo maravillarnos de lo que somos y tenemos, vivir felices porque tenemos dos ojos, no importa el color, es descubrir que ellos miran y se recrean con todo lo creado, es dejarlos funcionar desde el corazón; maravíllese y dance con alegría, porque todo es perfecto; sí, la imperfección está en el ser humano, en la forma en que miras, pero hoy vas aprender a ser feliz; así que sigue cada día descubriendo tus fortalezas y convéncete de que te faltaran días para contarlas, porque será allí cuando descubras que vales más de lo que pesas; será allí cuando serás libre de miedos y ansiedades. Vive, siente y crea tu mundo: esta es la pirámide del éxito; aprende a ser responsable de tus acciones.

Vive según tu capacidad interna, desarrollando toda la capacidad mental; así como alimentas tu cuerpo, de la misma manera debes hacerlo con tu mente; imprégnate de pensamientos positivos y deja que ejerciten la mente con sinergia, aquella en la encontrarás la fortaleza de tu espíritu.

Cada vez que sientas que alguna circunstancia interna o externa te causa pánico, aprende a ser consciente de ello y a darle la correspondiente emoción; no te presiones a luchar en contra de ese sentir; no crees resistencia, para que así como llega pueda partir sin dejar huellas imborrables que petrifiquen tu alma.

Si el pánico te paraliza, no sufras, has vivido tanto tiempo con esa emoción negativa, que cada día ha tomado más fuerza; hoy aprende a vivir consciente de su dimensión en ti y comprende que no eres el pánico, tú eres más que eso: un ser divino con la capacidad enorme de vivir en armonía, solo siendo tú mismo, sin ataduras a emociones erradas que te han paralizado toda tu existencia, libérate de ellas sin ansiedades, solo con la conciencia de sentirte feliz y libre de ataduras.

LA CAJA DE MÚSICA

Un joven caminaba por el centro de la ciudad, preocupado por no saber cómo lograr un trabajo y darle un sentido a su vida. Divagaba en el silencio de su mente, conversaba con él mismo y entre más se preguntaba, menos respuestas encontraba; sentía que cada segundo su vida se hundía en el peor de los precipicios. Por su mente desfilaban sus seres amados, tres hijos que cada día lo hacían sentirse miserable, por no poder ofrecerles lo necesario. Ya completaba mucho tiempo sin poder solucionar su vida y así darles lo mejor a ellos. Siempre se preguntaba por qué la vida era tan difícil para él.

Angela, su niña menor, siempre le repetía: "Te amo, papi", y aunque no entendía toda la situación precaria de su familia, siempre sonreía y jugaba con los juguetes que su padre encontraba en los basureros de los barrios de gentes pudientes. Su segundo hijo, José, le decían cariñosamente "Chepe", ya era adolescente y comprendía mejor la situación de su familia, pero siempre luchaba internamente por no querer ser uno más de su condición social; era rebelde y siempre caía en conflictos, peleaba con todos, se resistía a vivir en esa situación y a veces salía a pedir ayuda en las calles, lo que le causaba mucha preocupación a su padre, quien siempre le repetía lo importante de seguir estudiando y de prepararse para un futuro mejor. Su padre no deseaba que su único hijo se acostumbrara a pedir, lo que para él no era fácil.

María, su hija mayor, era una joven que sentía dolor porque su padre no podía ofrecerles una mejor situación; ella soñaba con un cambio en sus vidas; quería salir en busca de un empleo para ayudar a su familia, pero él no se lo permitía; siempre le decía: "Tienes que prepararte para un mejor mañana, déjame, que yo lo podré solucionar; vendrán mejores momentos. Sé que voy a encontrar la fórmula para lograr mi sueño de verlos realizados. Hija, lo único que te pido es que me apoyes junto con tus hermanos, para así encontrar la oportunidad que me abra otro mundo y así logremos una vida mejor".

Ese era el cuadro de honor que él amaba y por el cual sufría; eran sus tesoros y quería dar un salto que le ofreciera una vida digna para esos ángeles que estaban ya en su reino; seguía soñando con lo que deseaba, pero se sentía cansado de caminar buscando oportunidades; sin embargo, de pronto vio en la calle una caja de madera, se sentó sobre ella como si fuera un cojín; seguía pensativo y preocupado. Había caminado tanto, que sentía cansancio en sus piernas y el único mueble en donde pudo descansar fue sobre esa insignificante caja.

Era hijo de unos padres que gustaban de la música y siempre les había escuchado, especialmente a su madre, cantarle canciones de cuna. Las recordaba porque habían sido para él una música angelical por la suavidad de su voz. Ella le susurraba a sus pequeños oídos palabras de amor, pero siendo aún muy niño le dejó para siempre. El recuerdo de una madre abnegada, amorosa y de voz prodigiosa se le grabó como un dolor en el corazón que demoró en superar.

Su padre fue un carpintero de aquel pueblo solitario, donde construyó desde casas hasta las propias herramientas para su labor; había sido un ser excepcional que le había dejado un gran legado, ser honesto, fiel a sus principios, aguerrido ante cualquier dificultad por dura que fuera y tranquilo para saber qué hacer en los momentos de mayor preocupación.

En cierta ocasión le dijo: "Aprende a ser creativo con las oportunidades que la vida te presente, todo tiene su mensaje y si lo sabes escuchar, allí encontrarás la razón de tus alegrías". De pronto, la evocación de estos recuerdos le despertaron ese talento que jamás había imaginado y empezó a imaginar con creatividad qué podía hacer con esa caja de madera que tenía como asiento. Los recuerdos de su padre y el taller de carpintería que había conocido le trajeron a su memoria las obras tan hermosas que elaboraba con la madera; él había sido un artesano, un maestro que no solo le había enseñado el arte de la ebanistería, sino la capacidad de crear, que le ayudaba a tallar toda su pasión en cada madera que tomaba entre sus manos; su padre, un hombre fuerte y de gran corazón, siempre le dijo: "Todo está en la vida para hacer de ello lo mejor; una nueva vida, un objeto más bonito y funcional y así crear una vida más digna".

Entonces, todas sus enseñanzas afloraron en su mente y fue cuando decidió crear su destino. Agarró los pedazos de madera como pudo, regresó a su casa de cartón permeada por las gotas de lluvia, pero su corazón estaba infranqueable ante la adversidad; se dijo, "manos a la obra" y recordó las enseñanzas de su padre como carpintero; diseñó una caja de música y se puso a construirla con todo su amor; no había ningún impedimento, por lo menos tenía toda la intención de lograr su propósito y ya nada lo detendría. Dedicó largas horas a su gran obra, cantaba y gozaba construyendo, no sufría de momentos de tristeza ni preocupación, porque todo lo había transmutado en alegría, era mágico todo lo que vivía y se llenó de otra energía.

Con perfección, como si fuera el mejor de los maestros, le daba los toques de acabados acústicos y luego los decorativos; al paso de una semana había logrado el mejor instrumento, lustraba su caja de música como si fuera una piedra preciosa y le aplicó todo su amor a esa obra.

Entre caricias a su obra, cantaba y la vida empezó a sentirla mágica; decidió salir a exponerla como un trofeo y todos sus vecinos le animaban para que siguiera cantando. Él y su caja eran únicos, había una complicidad y amor entre los dos.

Cantó acompañándose de su instrumento, amenizando reuniones hasta que alguien lo escuchó y lo presentó en un escenario de mayor envergadura. Tal fue su agradecimiento por todo lo que estaba viviendo, que decidió volver al lugar donde había encontrado esa caja de madera; pero para su sorpresa, allí no había calle, solo existía un campo donde reposan los cuerpos de los que ya han partido de este mundo; se quedó mirando al horizonte, como si quisiera irse con aquel ser que le regaló la materia para construir su obra y al que no le mostró la obra terminada; sonrió y comprendió que había sido el mejor regalo y un mensaje de esperanza; también asimiló aquel consejo de su padre, de tiempos atrás, cuando le dijo: "Aprovecha todas las oportunidades y cosas que estén a tu alcance". No desechar nada había sido su lema; reciclar todo y generar algo mejor.

El regalo que había recibido al descubrir su talento le había llenado de euforia, se sentía feliz de ser quien era y así fue construyendo un nuevo camino hacia el éxito personal. Fue rotundo y resultó en poco tiempo. Ya tenía otra actitud y eso le había cambiado la vida; se volvió próspero y logró así lo que deseaba para sus hijos.

Al paso del tiempo decidió compartir sus éxitos y creó su propia empresa de instrumentos musicales, dando así empleo a las personas que lo impulsaron, aquellas que pertenecían a su entorno; fue la mejor manera de devolver parte de lo recibido, de compartir y ayudar a crear un entorno mejor.

"Construye un camino nuevo, no te estanques, aprende a entender los mensajes que la vida te entrega segundo a segundo. Ya es hora de despertar y dar un salto al éxito. No seas esclavo de la pereza mental y se responsable de dejar el mundo mejor de lo que lo encontraste". Estas eran las nuevas palabras que este hombre decía a cada uno de los que se le acercaba en su ascensión a la cima del éxito.

EL NIÑO Y EL MAR

Eran solo las 10 de la mañana y Juana tomaba el sol que el médico le había recomendado para mejorar su salud.

Caminaba descalza y sonriente por la orilla del mar, cuando de pronto le llamó la atención un niño que sonreía jugando con la arena; hacía castillos con tal alegría, que se detuvo a cierta distancia a observarle y a disfrutar de su ingenio y sabiduría; él cargaba arena y, como si fuera el maestro de maestros, hacía de su creación el mejor castillo de amor. Su sapiencia era de tal magnitud que sorprendía verle construir como si fuera el mejor de los diseñadores.

Pero Juana quedó perpleja al darse cuenta que aquel niño ángel no veía; lo notó porque su madre le hizo recordar su limitación física.

"Haz todo con sumo cuidado, sabes que con tu incapacidad podrías tropezarte con algo", le dijo la madre al niño. Lo que no sabía ella era que las limitaciones son más de la mente que de lo físico, que los niños son sabios en miniatura, llevan en su corazón la mano divina del Creador, listos a tallar la materia para que se libere el verdadero espíritu; y esta criatura era más divina que terrenal, sobrepasaba toda condición humana, sonreía ante el toque de su obra aún sin concluir, como si la viera, la miraba con alegría. Él depositaba en cada mano de arena que plasmaba la pasión que sentía, que manejaba como cualquier constructor profesional.

El niño, con gran coraje y lleno de entusiasmo, lograba con sus manos de ángel darle forma a la materia; con cada palada de arena, en su construcción dejaba plasmado todo su amor y felicidad; seguía las leyes universales, sin juzgar nada, sino un amor incondicional hacia la naturaleza.

"Pasaron los minutos y de pronto el castillo de arena tomó vida, brillando todo a su alrededor; resultó rodeado de bellos jardines, con pasillos donde reinaba un sosiego, solo digno de aquel que tiene paz interior. Ese pequeño, que había logrado toda esa transformación, se había transmutado en el más bello de los príncipes, caminaba hacia una puerta inmensa entreabierta de la que salía un aroma de jazmines y un olor a incienso, que deleitaban mis sentidos; le seguí los pasos e iba atrás suyo, era algo mágico, no podía negarme a su llamado, y tampoco quería apartarme, me sentía plena y deslumbrada por su figura. Al pasar el umbral, mi alma sintió la verdadera paz, esa que no se encuentra en otra dimensión que no sea la interior. De pronto sentí que mi ser se elevaba hacia la dimensión divina, percibí mi cuerpo ligero y al abrir los ojos vi a lo lejos un ser, de espaldas y con una túnica, que me llamó por mi nombre y me dijo:

–Juana, te esperaba, qué sorpresa.

–¿Por qué?, le pregunté.

–En este lugar no existe el tiempo ni el espacio, soy el que soy, me respondió, dio la vuelta y mi corazón se llenó de una enorme tranquilidad que él me transmitía.

Un silencio inmenso empecé a sentir acariciándome la vida; de pronto, todo se interrumpió. La llamada de ese ser que me miraba con ternura me dejó totalmente relajada, sonriente y me pidió que me acercara a sus pies; sentado y con su túnica larga parecía que flotaba, extendió su mano y me dijo:

–No temas al futuro, ese no te pertenece. Aún no has terminado de vivir el presente, deja el afán y aprende a vivir aceptando lo que la vida te entrega sin condicionamientos. Conócete a ti misma y aprenderás a amar a los demás; recuerda, ellos son un reflejo de tu propia realidad. Cuando sabes quién eres y en la dimensión perfecta a la cual perteneces, no tienes limitaciones de creación. La vida es la escuela que tienes la oportunidad de recorrerla como quieras, no es responsabilidad de otros, deja que ellos vivan su propia realidad. Recuerda que tu ser interior es el templo divino donde habita tu verdad, y, solo tú puedes hacer con ella el camino perfecto hacia tu realización. Aprende a conocerte y así respetarás a los demás, no esperes que otros te hagan feliz, la felicidad está en ti. Cuando aceptas a los demás sin esperar a que te complazcan, habrás dado el primer paso hacia la convivencia en armonía. No vayas en contravía de las leyes del Universo. Aprende a sintonizarte con su energía y así vivirás la verdadera paz. También aprende a ser la causa de todo y en cada acontecimiento deja la huella de tu pensamiento, no seas más el resultado de otros, ni la marioneta del destino. Toda la realidad física es producto de tu propia realidad interna. Fuiste elegida para ser quien eres, así que vive con responsabilidad. La paz está en ti, se en paz y riega siempre la semilla por el camino que vayas. Acepta tu vida como el mejor regalo de Dios y vive el presente como si el mañana no existiera y deja que todo vibre con la misma melodía del Creador Universal.

Sentía que estaba sonando su voz, que me había dejado perpleja. No podía creer lo que vivía, no era real tanta felicidad; la magia de ese lugar me hacía flotar y mi corazón sentía que trascendía toda limitación mental, así que me dejé llevar, hasta que una ola me golpeó suavemente la cara y me hizo despertar. Mi corazón no cabía de felicidad, vi el arcoíris engalanando el cielo como señal de la maravilla vivida, seguí inmersa en los recuerdos de ese sueño y no quería despertar. Me quedé mirando ese horizonte como queriendo irme con lo vivido.

El niño seguía deleitándose con su arena y jugaba intensamente.

El mundo para mí se había detenido por un tiempo que aún no comprendía y deseaba seguir en éxtasis; pero había dejado de sentir la fragancia que endulzaba ese espacio. Mi alma había rejuvenecido hasta tal punto que mi pequeño héroe me miró y me regaló su sonrisa, y aunque no veía, él me miraba con los ojos del alma.

En mí había renacido la vida, era el mejor milagro. Recibí un regalo celestial en el momento adecuado y para el que había sido elegida. El Sol seguía acariciando mi piel, dejándola a cada segundo de color ocre; el mar aumentaba sus mareas, golpeaba mi cuerpo y yo me dejaba llevar al ritmo del agua y sentía la magia interna de mis líquidos renovarse y así tener una vida más saludable.

A las dos semanas regresé a donde mi médico a llevarle los resultados del último examen; se quedó perplejo al ver el cambio en mis huesos; era como si me hubieran operado u otro ser hubiera nacido.

El milagro se había realizado y la vida se tornaba cada día con más esperanza y amor.

EL ABOGADO DEL PARQUE

Caminaba pensativo por el Parque Central y a cada paso lloraba sin comprender por qué sentía tanto peso sobre sus hombros. Su vida se estaba agotando, los músculos estaban cansados y su caminar era lento. Eran las cinco de la tarde y Luis había salido de su oficina cerca de la Quinta Avenida de Manhattan

Era un abogado eminente y manejaba casos del gobierno; su carrera profesional de casi 30 años le había proporcionado una vida de mucho correr entre cortes federales y estatales, poseía un grupo de colaboradores, abogados de universidades muy reconocidas; así, su oficina estaba situada en un lugar exclusivo de la gran manzana. Su vida familiar era normal, pero era poco el tiempo que la disfrutaba, porque si no estaba en cortes, viajaba o asistía a cenas de gran prestancia, haciendo siempre lo mejor para su negocio como abogado; en conclusión, todo lo tenía o por lo menos lo que él creía que necesitaba para ser exitoso. Seguía apesadumbrado, dando pasos rápidos y lentos, mezclados, como queriendo entrar en alguna danza que lo llevara al sitio donde pudiera encontrar alguna respuesta a tanta incertidumbre. Se preguntó que le pasaba o qué le faltaba. No entendía, si todo lo tenía, eso creía él, porque siempre quería salir corriendo de su espacio elegante, adornado con suntuosos tapetes persas y muebles clásicos de madera; era un hombre sobrio y elegante al vestir; de hablar pausado pero enérgico; cuando perdía el buen carácter, sin embargo, pasaba a ser un hombre grosero y déspota, mostraba la máscara de lo que llevaba guardado en su memoria; era como si quisiera cobrarle a otros el motivo de sus histerias, de su desamor.

En verdad, tenía un número de personas en casa, pero no sentía que conformaba un hogar, era un desconocido en su casa; aunque era un gran abogado, le faltaba mucho para ser un gran ser humano. En un momento en que se sintió cansado, se sentó en una banca y se quedó mirando todo su entorno, vio los pájaros cómo empezaban a buscar el lugar donde dormirían, que lo hacían con una paz que llamó su atención, cantaban y danzaban como queriéndole ofrecer otro espectáculo a su vida. Comprendió que los pájaros vuelan felizmente, no necesitan nada, todo lo tienen y, además, no esperan nada, hacen lo que su naturaleza intrínseca les informa; tampoco cuestionan nada y solo viven cantando. Secó sus ojos, se levantó y se fue de regreso a la oficina; aunque estaba más tranquilo, sentía que la vida le estaba jugando una mala pasada. Al llegar a la oficina encontró a muchos preocupados por él; hizo solo un gesto con la mano, no pronunció palabra, llamó a su secretaria para que le informara de las citas del día siguiente y de pronto se desmayó a causa de un dolor en el pecho, soltó el auricular y por supuesto todos corrieron en su auxilio.

En el hospital, luego de una evaluación rápida, informaron que sufrió un ataque al corazón; aunque estable, seguirían evaluándolo, ya que su situación era un poco preocupante. Al llegar su esposa, se apersonó de todo, informó a los colaboradores y los invitó a que se retiraran a sus respectivas casas, dio las gracias al personal médico por la pronta ayuda dada a su esposo. El pronóstico médico era que necesitaba mucho descanso y debía llevar una vida más tranquila, hacer algunos cambios y drásticos de vida; con esta condición, lo más seguro es que con un segundo ataque no correría con la misma suerte; esta era una segunda oportunidad que la vida le estaba ofreciendo y debía aprovecharla para revaluar sus patrones de conducta.

Un médico bastante mayor, presente en la evaluación, pidió la palabra y le dijo a Luis: "Te aconsejo que hagas un paseo por un cementerio y te sientes al lado de una tumba, así meditarás que muchos de los que yacen allí fueron personas que llevaron una vida acelerada como tú, a tal extremo que no se permitieron vivir sin tanto estrés, no caminaron, solo corrieron para alcanzar lo que pronto los llevó al descanso eterno; recuerda que la hierba crece por sí sola, los pájaros vuelan tranquilos, no tienen preocupaciones y gozan de la vida que les corresponde; vive con plena confianza, ser tranquilo en la vida es el mejor jarabe para la eterna juventud".

A los días le dieron de alta y salieron del hospital rumbo a su hogar. Iban callados, era costumbre no comunicarse nada, no había reproches y eran como dos extraños que se encontraban muy próximos. Tomó días de descanso, como le habían sugerido, pero allí en su hogar se sentía un extraño, así que decidió regresar a su oficina; aunque había descansado, sentía su cuerpo pesado y los músculos sin fuerzas; quería seguir su recuperación tal como se lo informaron los médicos, pero su realidad era otra; pronto dejó todas las recomendaciones médicas en el olvido y recomenzaron sus faenas de histerismo y mal carácter. "La vida continúa", era su lema. Seguía solitario, pasaba horas solo en su oficina; sus colaboradores se hacían cargo de los negocios y aunque todo seguía normalmente, su salud se estaba debilitando; bueno, así lo sentía; de pronto recordó el parque y la recomendación del médico.

Tomó su chaqueta para abrigarse, porque ya comenzaba un poco el frío, y se dirigió hacia el parque. Caminaba, observaba los árboles y cómo las hojas estaban llenando de color el prado; era como si la naturaleza estuvieran diseñando un tapete de diversos colores, de tal elegancia, que engalanaban todo el conjunto del parque. Él estaba disfrutando de la belleza que la naturaleza le estaba ofreciendo y que en otros tiempos no le había importado; ahora la estaba disfrutando. Recordó su niñez, cuando iba con su niñera al parque; nunca lo hizo de la mano de sus padres, ellos estaban siempre ocupados en sus negocios; así que no había aprendido a amar la naturaleza; le habían enseñado que éxito era sinónimo de dinero, que era la única manera de ser feliz; esta era la información que le habían hecho aprender de memoria. En un momento, decidió regresar a su oficina, y estaba más sonriente; sus gestos eran más distensionados y llegó saludando a todos. Había cambiado sin percatarse; solo sus colaboradores lo percibieron.

A la mañana siguiente no fue directo a la oficina, sino que se quedó en el parque; quería empezar el día llenando su alma de paz. Caminando, observó cómo un pájaro estaba durmiendo; se paró frente al árbol y quedó perplejo ante tanta enseñanza; ya estaba preparado para recibir lo que la naturaleza le quería regalar. El pajarito levantó su cabeza, la cual había tenido debajo de su ala y sus plumas esponjadas; con su mirada somnolienta estiró una pata, cuan larga es, y puso el ala encima como un abanico; luego encogió la pata y el ala y siguió con la otra, haciendo la misma operación. Luego metió de nuevo su cabeza para darse otro sueño, por segunda vez; después sacó de nuevo la cabeza, miró alrededor con ansias, echó la cabeza hacia atrás, estiró las patas y las alas lanzando un canto conmovedor, alabando al día, brincó de la rama y voló a buscar su comida.

Este proceso que realizan los pájaros de empezar el día tan solemne y tranquilo, le empezó a crear un método de éxito para tener calidad de vida. En su casa hacia todo lo que había aprendido, levantarse de esa manera tan placida y sin preocupaciones, solo que él le sumó un hábito más: una pequeña oración; este método de alabanza y estiramiento le comenzaron a mejorar el carácter, saludaba con alegría, su rostro era cada día más fresco y amigable; dejaba siempre un aroma de paz que estaba impregnando todo su entorno; él no se percataba de lo mágico que estaba resultando ese método que había aprendido de los pájaros.

Cada mañana pasaba a ver a sus amigos al parque, aquellos que no le exigían nada, solo le engalanaban la existencia con la melodía de sus alabanzas; esa media hora que les dedicaba a llenar su alma de pura energía renovadora le estaban dando los beneficios que tanto había buscado. Al cabo de un año ya era un ser diferente, en su oficina reinaba un ambiente de paz y tranquilidad, la música que se escuchaba era solo el cantos de pájaros y otros sonidos de la naturaleza; todo era armonía; en su hogar pasaba más horas, quería disfrutar de sus seres queridos, había empezado a dejar que todo sucediera naturalmente, no presionaba y nunca dejó de ir al parque a visitar a sus amigos y deleitarse con el aroma de paz.

Aprendió que ser exitoso es ser un ser íntegro, donde reine un espíritu tranquilo, un cuerpo saludable, sin tensión, y una mente clara como el manantial, llena de pensamientos positivos en comunión con la energía universal. Ser exitoso no es sinónimo de poseer un título ni poder, es solo ser un ser que vive desde su intuición en armonía con la naturaleza; que sabe aprovechar las oportunidades sin sobrepasar los límites de sus fuerzas físicas y espirituales.

Hoy, Luis ha comenzado una campaña con el lema "Viva sano, viva con la naturaleza", desarrollando un programa para apoyar los eventos donde estén en comunión las personas con la naturaleza. Esto empezó dejando un camino de éxito como un líder en el campo deportivo y natural, llevando mensajes de vida saludable ha creado empresa y permitido a otros elevar su condición de vida; siempre dice que "dando es cuando he aprendido a recibir"; su vida se transformó en un éxito total.

Promesa cumplida

Él iba de la mano de su esposa, caminaba lento, le costaba trabajo, pero hacía un esfuerzo enorme por sentirse fuerte y dar pasos más seguros.

Después del accidente que hacía un mes había sufrido, cuando montaba en bicicleta, por un animal que le salió al encuentro y le hizo perder el equilibrio, volar por encima de una roca, caer al asfalto precipitadamente quedando inconsciente y mal herido. Un ciclista que se percató de lo ocurrido, corrió a darle auxilio y fue trasladado a un hospital donde su familia fue llegando poco a poco para saber de su estado de salud.

Pasaban las horas y la angustia se apoderaba de su familia, que ya estaba reunida esperando noticias y se preguntaba ¿qué sucedería si quedaba con alguna limitación? Él siempre había sido un hombre fuerte y muy saludable, con una vida próspera y poseía una familia maravillosa; todo lo tenía sin contratiempos.

El medico salió y les informo que la operación había tenido éxito, pero debían esperar alguna noticia, porque la parte afectada tenía que ver con el movimiento de sus piernas. Todos quedaron confundidos y con una mirada de desconcierto. Como lo informaron, él no podría caminar y no sabían por cuánto tiempo o si seria de por vida. Empezó a padecer cambios de conducta, se enojaba con regularidad, peleaba con Dios por su destino, le reclamaba que por qué, si él, hasta antes del accidente había sido un buen hombre, un excelente padre y esposo. Estuvo durante un mes en el hospital, hasta que regresó a casa en silla de ruedas.

La vida para este hombre cambió y lo hizo un ser solitario y mal humorado que pasaba largas horas en silencio. Peleaba con su destino y se decía: "No acepto esto".

Una mañana se levantó y salió al patio a ver el jardín, de pronto en el horizonte vio a un anciano que cortaba leña, se quedó observándolo, pero algo lo llamaba desde ese lugar y, como pudo, fue hacia allá; entre más se acercaba se iba dando cuenta de que el hombre era viejo y encorvado, pero lo notaba ágil y feliz. Al llegar, a unos metros lo saludó y el anciano levantó la mirada y le saludó amorosamente, como si lo conociera desde antes.

Le preguntó desconcertado:

–¿Usted me conoce?

–Sí, hace un mes tuviste un accidente y yo te recogí para llevarte al hospital, ¿lo recuerdas?

No contestó.

–No importa, le dijo el anciano. Lo único importante es que estás vivo.

–Sí, pero quedé en silla de ruedas, le respondió con rabia.

El anciano, un poco triste, pero comprensivo le dijo:

–Hijo, tu parálisis está en tu cuerpo emocional, si aprendes a vivir agradecido por todo lo que la vida te ha dado, comprenderás que esto es solo para que aprendas a sanar tu pasado; recuerda que has sido soberbio y ahora se te ha incrementado; no quieres comprender la dimensión de lo que eres, si descubrieras que tienes en tu ser un poder infinito de sanidad en todos los campos de tu existencia, vivirías más feliz. El tenerlo todo no te asegura la felicidad; sé que llevas una carga enorme, arrastrándola por tiempos y esa no te deja ver la vida de otra manera.

El hombre, un poco molesto con este anciano entrometido que quería darle lecciones, le respondió:

–He sido un buen padre y esposo.

–Sí, pero te olvidaste de dónde vienes, ¿recuerdas a tus padres y hermanos? Partiste de su lado siendo muy joven, porque eran muy pobres; eras rebelde y te fuiste a buscar tu vida olvidando por completo tu familia; eras el mayor y aunque las lágrimas de tus padres con súplicas se convirtieron en un arroyo de dolor dejándoles inundados sus corazones, partiste; además, construiste un muro de ingratitud, olvidándolos para siempre.

El hombre desconcertado y altivo le preguntó:

–¿Por qué sabe tanto de mí?

–He seguido tus pasos desde aquel día de tu partida, no importa quién soy, lo único relevante aquí es que despiertes a una vida diferente. La gratitud es un don muy bello y debes tenerlo como un valor en tu vida. ¿Recuerdas que tu padre se ganaba la vida cortando leña? Ese era su oficio y aunque no tenía para darles cosas materiales, siempre los acompañó cuando estuvieron enfermos; si bien no tuvo educación de escuela, les proporcionó momentos en los que disfrutaron de la verdadera naturaleza; les enseñó a amar la vida, a respetar la Creación y con su oficio pudo ensenarles que la vida se construye con pasos firmes pero seguros.

Este hombre desconcertado estaba molesto ante tanta confesión y quiso acercarse más al anciano, pero él le dijo:

–No te acerques; hace ya mucho tiempo que partí de este mundo, mi tiempo en esta tierra fue corto; dejé a mi familia desolada con mi partida y sé que han pasado momentos muy difíciles. Escúchame, siempre he estado a tu lado, cuidándote y esperando el momento en que recuperaras tu vida y vuelvas a recordar quién eras. No se puede dejar en el olvido el origen, retrocede y recoge lo que dejaste allí. Hijo, mi misión era dejarte saber que siempre tu familia te ha amado, que comprendieras que para ser feliz sólo basta recordar la inmensidad del amor que vive en cada uno; que no se puede vivir con tanta altivez sin sentir la fragancia de la verdadera sabiduría de Dios. Recuerda, debes retroceder e ir al encuentro con tu pasado, ser grato con tu origen; aprende a sanarlo y así podrás seguir el camino de tu propia vida. Cuando recuperes tu vida, irás comprendiendo la verdadera esencia del camino. Ahora debo irme, ya es hora de mi partida, regresa a tu casa y busca aquello que no quieres recordar, allí estará la respuesta a tu dolor y altivez.

De pronto escuchó a su esposa llamarle para el desayuno, despertando del sueño en que se había sumido. Con lágrimas en los ojos se quedó mirando el roble que le había llevado a sus recuerdos y, sin pensarlo dos veces, regreso pronto a su casa pidiéndole a su esposa que lo llevara a un pueblo pobre y olvidado de una ciudad lejana; ella, desconcertada, tomó el carro y salieron de viaje. En el camino ella le preguntaba qué estaba pasando y él sólo le decía que quería visitar a unas personas con las que había soñado y necesitaba hacerles unas preguntas.

Quería volver a reencontrarse con su pasado.

¿Pasado?, le preguntó la esposa. Él le respondió: "Cuando estemos en el lugar, comprenderás".

Pasaron tres horas de viaje y entre más se acercaba él sentía cómo se aceleraba su corazón. Todo había cambiado en pocos días, era un regreso al olvido y su ansiedad aumentaba. Vio de pronto, entre las montañas y en un camino rocoso, una casita vieja y en la puerta una anciana; siguieron unos metros y se bajaron, él en su silla de ruedas avanzó y se dirigió. La anciana no sabía quién era y él le dijo: "Mamá, soy yo, tu hijo ingrato, he venido a verlos y a pedirte perdón por haber causado tanto dolor en tu alma". Ella una anciana que no veía muy bien, se acercó con mucha dificultad, lo abrazó y lloró junto a él; él quería hablar pero ella, mujer sabia y bondadosa, solo le dijo: "Hijo, gracias por este regalo, lo necesitaba para ir junto a tu padre, él me está esperando desde hace ya mucho tiempo; sufrió tu partida y su corazón no pudo resistirlo, se fue al poco tiempo de que tú saliste de nuestro hogar y, antes de hacerlo, me prometió que te cuidaría y te traería de regreso; hoy solo me queda decirte mil gracias por venir".

El hijo le dijo: "Perdóname, mamá". Ella con voz temblorosa lo besó en las mejillas y le susurró: "Te amo y no te preocupes que, con solo verte y saber que has sido un hombre de bien, mi corazón se ensancha de gratitud, porque tu padre me cumplió la promesa de cuidarte y traerte de nuevo. Anoche soñé con tu padre y me dijo que me preparara, porque recibiría el mejor de los regalos. Él siempre fue un hombre de fe y yo sabía que vendrías pronto. Hijo, sigue tu camino, que el mío ha concluido, no te preocupes y recuerda que la vida está llena de belleza en todas sus dimensiones, no desperdicies cada segundo en pequeñeces y deja que cada circunstancias llegue y se vaya con la misma intensidad; no quieras controlarlo todo, no desperdicies tu vida en lo que no vale la pena y deja todo mejor de cómo lo encontraste".

EL ÁNGEL DE LA MONTAÑA

Estaba sentada en una montaña que quedaba a espaldas de su casita, aquella que su esposo le había dejado cuando aún trabajaba en su taller de mecánica; ella siempre iba allí porque le recordaba aquellos momentos cuando los dos subían a recrearse en el infinito, pero sobre todo era para disfrutar de su amor. Ese era el lugar de los recuerdos, donde su presencia estaba presente siempre, su energía vibraba fundiéndose con la de ella.

La familia de ella nunca lo quiso, por no compartir la misma posición económica, pero eso a ella nunca le importó y cuando se hizo mayor de edad tomó la decisión de unirse a él por el resto de sus vidas.

Fueron una pareja feliz hasta que un día él sufrió un accidente cuando viajaba en su bicicleta hacia el pueblo y fue arroyado por la espalda por un vehículo que venía a excesiva velocidad; eso no era muy normal por allí, ya que era una región muy pobre; estuvo muchos meses inconsciente, hasta que murió.

Ella había quedado desolada por la pérdida de su amor y al tiempo decidió que dedicaría el resto de su vida a visitar la montaña donde su amor se había alimentado, aquella donde sus vidas sintieron la frescura de la felicidad, allí donde el amor floreció en cada brizna del amanecer, ella pasaba horas recordándolo y viviendo de los recuerdos.

Pasaron largos años sin querer ella ir a otros lugares. Solo salía a vender las cosechas que les proporcionaban sus tierras; todo por seguir viviendo en medio de lo que ella sentía que era su vida; siguió alimentando a diario el amor que le unió a aquel hombre que amó profundamente y aunque no pudieron tener hijos, eso nunca le había importado a ella: los recuerdos hermosos eran los hijos de su amor.

Un día, sentada en la montaña, vio correr a su perro hacia el río y ella salió corriendo tras él como presagiando algo irregular. El animal ladraba desesperadamente y eso la intranquilizo; así que en el trayecto vio cómo el perro se paró al lado del río y olisqueaba algo; ella se fue acercando y vio a un joven mal herido; estaba inconsciente, sangraba pero aún respiraba. El perro seguía lamiéndolo, como si para él fuera alguien conocido; estaba inquieto y lo movía como queriéndolo despertar; gemía de dolor y abrió los ojos con cierta dificultad; se sorprendió al ver a la joven frente a él y con palabras entrecortadas le pidió ayuda.

Ella estaba nerviosa, porque no lo conocía y no se sentía cómoda junto a él; pero, necesitaba ayuda y esa era la prioridad. Como mujer sabía del campo, conocía muy bien la farmacia que poseía en la naturaleza, así que dejó al perro cuidándolo y empezó a recoger plantas que le ayudaran a sanarlo; le curó las heridas y con unas plantas que le aplico como vendaje le ayudó a levantarse y a caminar; así llevarlo a su casa para que descansara y se recuperara.

Ya en casa, ella estaba muy inquieta porque estaba sola con un hombre y eso no la dejaba tranquila; aquel hombre estaba muy delicado y no podía hablar bien; le dedicó días y semanas a su recuperación; había dejado toda su rutina de vida para dedicarse a cuidarlo. El perro nunca lo abandonó, siempre estuvo al pie de su cama, se sentía su guardián y era ya su amigo fiel.

Al mes de su estadía, él empezó a mostrar una gran mejoría y sus palabras eran mejor pronunciadas; se sorprendió de encontrarse en esa casucha y comenzó a recordar qué le había pasado; a ella no la conocía así que evocó todos los momentos anteriores a lo sucedido en ese fatídico día.

Él le preguntó: "¿Cómo te llamas?".

Ella apenada y temerosa le dijo: "María".

"¿Por qué estoy aquí?", y ella tímidamente le contó lo sucedido con su perro. Sonrió cuando le dijo que su *Pancho* había sido quién la había llevado hasta el sitio donde lo encontró.

Este joven se veía apuesto y muy bien vestido, y si bien sus ropas estaban raídas, ella intuía que él no era de la región ni de las familias cercanas; su apariencia era irreal para ella, que estaba acostumbrada a otro tipo de personas en su pequeño reino. Jamás tuvo la oportunidad de salir de su casa de barro y aunque pobre, en su corazón no había contaminación y por eso hizo lo que había sentido, ayudar a alguien necesitado; no tenía malicia y menos maldad en sus genes. A pesar de que era un poco desconfiada con extraños, era raro que con ese joven sintiera una paz infinita, como si se hubieran conocido antes.

Entre más pasaban los días, ella más lo sentía parte de su ser; no comprendía pero estaba sintiéndose muy feliz por ayudarlo; era su naturaleza intrínseca, como los animales que ayudan sin esperar nada a cambio; ella era digna de no haberse dejado contaminar su cerebro de indiferencia y maldad, todo para ella era armonía.

Una mañana él se levantó y le dijo quién era; había nacido en un reino lejano donde todo era de una elegancia enorme, mucho oro y carruajes y, su padre era el rey de aquel diminuto pueblo. Él todo lo había tenido desde pequeño, pero nunca había sentido una caricia de su madre y menos de su padre. Su madre era una princesa que pasaba horas siguiendo unos manuales de etiqueta; no había vida propia y eso le había dejado a él muchos vacíos en su alma.

Desde niño su educación había sido rígida, nunca le habían permitido jugar con los niños de las empleadas. Guardaba siempre sus sentimientos, pues así lo requería el rey.

–¿Por qué estabas herido cerca del río?, le preguntó María.

–Bueno, un día cansado de esa vida y como sabía que sería el futuro rey de ese pueblo cuando mi padre muriera, yo no quería sucederlo, sino ser libre y poder vivir una vida normal sin tanta rigidez; desde pequeño había empezado a prepararme para esa función, que en mi interior no quería cumplir, así que me fugué en mi carroza y mis dos caballos, salí del palacio a dar un paseo aparentemente y aproveché para ir en busca de otro mundo. Durante mi viaje sin rumbo alguno tuve muchas dificultades, porque me robaron lo poco que tenía y ya cerca aquí, después de dos meses de viaje, mis caballos enfermos y hambrientos se dejaron caer desde el alto de la montaña; como pude, caminé algunos kilómetros en busca de ayuda, pero fui perdiendo el aliento de vida y quedé inconsciente. No recuerdo más, hasta que desperté aquí junto a ti.

Ella no podía creer lo que había escuchado, estaba frente a un futuro rey, así que con mucha humildad le ofreció lo mejor que ella tenía en sus alimentos y él, con mucha elegancia en sus modales, le pidió que lo tratara como si fuera su vecino. Comenzó a trabajar la tierra con ella, para ayudarla en las labores y con mucho respeto todo se iba desarrollando, hasta que un día, después de dos años de estar en ese pueblo pobre y olvidado, alguien los visitó. Era un hombre alto, que lucía fuerte y quería darle a él un mensaje de su madre, que lo había buscado por mucho tiempo y nunca se había rendido. En el mensaje le anunciaba que su padre, hacía un año, había fallecido y quería que regresara al palacio para que reinara a su pueblo.

Él, un poco contrariado por los cambios que se le aproximaban si decidía partir, le dijo a su mensajero que regresara al otro día, porque esa decisión requería que él la meditara; su vida desde hacía dos años había cambiado y se sentía feliz de ser alguien normal, sin etiquetas, trabajando como todos lo hacían; le era difícil tomar una decisión.

María había estado con él en todos los momentos y se había encariñado con ella. No la amaba como mujer, pero era muy importante en su vida, así que quería tenerla siempre a su lado. Habló con ella y triste le dijo que debía irse porque su madre lo necesitaba en el palacio. Los dos, muy tristes por la separación, se abrazaron y lloraron prometiéndose que nunca se olvidarían; había nacido una linda amistad entre ellos.

Él fue nombrado rey y asumió su mandato; pero había cambiado el enfoque de su vida y quería un mundo diferente para su pueblo; así que empezó acercándose a todos como uno más, les saludaba sin importarle el protocolo; eso le tenía molesto y su corte no veía con buenos ojos que se comportara de esa manera. La vida en el pueblo cambió, reinaba una armonía entre todos los poderes y arribaron tiempos de prosperidad en los que se crearon empresas en las que todos trabajaban con alegría; todo funcionaba a la perfección, pero una mañana, el rey cayó de su carruaje y murió; hubo confusión, porque no entendían qué había pasado: él era un joven saludable, deportista y muy amoroso con su pueblo; el médico lo examinó y determinó que había sido envenenado. El pueblo, enfurecido por la muerte de su rey, se levantó contra toda su corte, corrió mucha sangre inocente y su madre, triste por su pérdida, se quitó la vida.

El pueblo quedó desolado por la intolerancia y la avaricia, las ruinas asomaban por todos lados y algunos súbditos caminaban extraviados. Habían ocurrido muchas cosas en tan poco tiempo, lo que le había dejado triste el corazón al mensajero que había ido a buscar al futuro rey a casa de María, a donde llegó a entregarle el mensaje de su madre, pero había quedado enamorado de aquella bella mujer, sencilla pero con un gran corazón.

El rey, cuando fue coronado, le pidió a su guarda que nunca la abandonara y le llevara siempre todo lo que ella necesitara. Él había quedado agradecido por tanta bondad; además, todo lo que había aprendido en el reino de ella se lo había enseñado, como era trabajar en comunidad; le hizo prometer que siempre la visitaría y ayudaría; fue de esa manera como terminó locamente enamorado y le pidió que se casaran.

Él se la llevó a vivir a su pueblo después de casarse. En el testamento del rey, el guarda era su único heredero y además su sucesor; empezaron una nueva vida y el reino prosperó y se convirtió en una gran ciudad donde todos laboraban para el bien común; se sentía mucho amor entre todos y las familias se reunían los domingos para conversar de la familia y la vida.

María, después de pasar tres años en coma, luego de haber rodado por la montaña y caído al río, al fin había despertado; observaba todo y su familia estaba emocionada ante esa realidad que los embargaba de felicidad; ella se sentía feliz, pero no entendía porque todo era diferente para ella y tenía la sensación de que no pertenecía a ese sitio. Estaba cansada, pero con una leve sonrisa pidió le llamaran a su doctor; su sorpresa fue tan inmensa al ver la cara de su médico: era aquel hombre con quien se había casado, no entendía y pidió que le ayudaran a levantarse; como pudo se levantó y regresaron todos a casa.

El médico de aquel hospital, que la había cuidado todo el tiempo, estaba enamorado de ella; no lo comprendió sino hasta que no la volvió a ver, como sucedía todos los día cuando él llegaba a su turno. Decidió hacerle una visita a esa bella mujer que le había robado su corazón, le confesó sus sentimientos y ella, sin pensarlo, le contestó que sí, que también se sentía parte de él. Crearon una linda familia en el pueblo y ella llegó a ser una mujer de mucha prestancia en toda la comarca.

EL ANCIANO DESOLADO

Tony, un anciano que había perdido hacía poco tiempo su esposa, se sentía desolado y con el corazón triste; sin fuerzas para seguir viviendo, quería partir, pero su hija, aunque mayor, había nacido con el Síndrome de Down y lo había acompañado siempre; ella era su alegría y preocupación; también había tenido un hijo varón, al que le dio muy buena educación, pero nunca volvió a saber de él; era como si se lo hubiera llevado el viento; nunca volvieron a saber de él, desde su partida hacia los Estados Unidos.

Hoy él sentía que la vida se le iba segundo a segundo y no sabía qué hacer. Su compromiso era su hija y temía dejarla sola. Él no quería vivir más; con la partida de su esposa sintió que la mitad de su vida había muerto y quería partir para seguir a su lado; pero él le había prometido que cuidaría siempre de su hija; era lo único que le quedaba de su querida esposa.

Iban todos los días a caminar por la playa y él se sentaba a pescar y a gozar de su deporte favorito; cantaba, pero ya se le escuchaba una voz cansada, pausada; solo se le oía dar gracias a la vida y otras veces se le escuchaba cantar a su esposa; sentía que su vida transcurría como el vaivén de las olas, disfrutaba tanto que su hija se deleitaba viéndolo así; claro, en sus ojos se le veía el cansancio por los años y una inmensa tristeza por la soledad.

Quería partir junto a su amada, lo sentía así, pero no lo pronunciaba para no causarle dolor a su querida hija, que solo lo tenía a él.

Todas las mañanas su rutina durante los últimos 50 años era ir al mar. Conoció muchas personas y compartía amigablemente con cada uno. En uno de esos días, como pudo, fue como de costumbre al mar; su hija había decidido quedarse, porque no se sentía bien; él se sentó y lanzó el anzuelo, pero se trabó; no lo pensó dos veces y se levantó para ir a solucionarlo, pero la sorpresa fue que perdió el equilibrio, cayó al mar, que se lo llevó sin compasión; se estaba ahogando, pero de pronto alguien logró sacarlo exhausto, casi sin vida, lo auxilió y llamó a los paramédicos que lograron regresarlo de nuevo a la vida; fuerte y valeroso como siempre lo había sido, no había sido el momento de su partida como lo deseaba e ir al encuentro de su amada esposa; pero cuando ya puedo comprender la dimensión de lo que le había pasado, quiso saber quién lo había salvado; fue un joven apuesto, muy parecido a su hijo mayor, que le recordó cuando él había sido un niño y también lo llevaba al mar.

El joven quiso partir y él le dijo: "No te vayas, quédate un poco más, quiero conversar contigo", a lo cual accedió. Se sentaron y el anciano empezó a contarle su vida y el joven también. El anciano resultó muy sorprendido porque tenían el mismo apellido, así que no esperó más y le preguntó: "¿Cómo se llama tu padre?". Él le contestó: "William Zaragoza". "¡Oh, qué coincidencia, le dijo el anciano, así se llama mi hijo mayor!"; los dos sorprendidos siguieron embelesados por tantas coincidencias que los unían.

El anciano le preguntó por su padre y le dijo que había fallecido en un accidente hacía tres años, que había nacido en Costa Rica, pero que él había nacido en Estados Unidos; no pudo el anciano contener las lágrimas y le dijo: "Cuéntame más de tu padre". Ya el anciano sentía la corazonada de que ese ser que este joven describía se parecía a su pequeño hijo perdido muchos años atrás.

–Sabes, dijo el anciano, cómo describes a tu padre me hace pensar que hay un parecido enorme entre tu padre y el hijo que nunca volví a ver. Creo que el destino nos ha querido reunir para regalarme la esperanza de seguir viviendo; ya entiendo por qué he visto en ti la presencia de mi hijo.

El joven sorprendido lloró, porque siempre deseó conocer a sus abuelos y siempre le dijeron que no tenía. Su padre se casó con una estadounidense de ascendencia israelita y se convirtió a su misma religión. Asumió tanto la cultura de su esposa, que hasta olvidó la propia. Dejó de ser él para formar parte de lo que siempre quiso: tener poder y dinero; lo logró, pero no pudo gozarlo mucho, porque en un accidente aéreo perdió la vida; no gozó lo que tanto anheló.

El anciano, emocionado, le contó su historia y la de la familia; se abrazaron y lloraron intensamente de emoción; el anciano se sentía diferente y aunque no era su hijo William, ahora tenía a su nieto, físicamente igual: sus mismas entradas en la frente, tendiendo a la calvicie, su mirada picarona y unos ojos marrones que le iluminaban la cara.

"Vamos al apartamento, para que conozcas a tu tía", le dijo a su nieto y él, muy cariñoso, accedió a llevarlo de la mano; se sentían felices con ese descubrimiento y en esas circunstancias; así que entraron y la sorpresa triste fue encontrarla muerta sobre la alfombra. Esa mañana, cuando dejó ir al anciano solo hacia la playa, ella sabía que no lo acompañaba porque sentía que sus minutos se agotaban, no tenía fuerzas y aunque no quería dejarlo solo, sabía que Dios lo premiaría con conocer a su nieto.

El anciano se dejó caer y no podía contener el llanto. Ahora que sentía que la vida le devolvía deseos de seguir viviendo, perdía a su adorada hija. Lloró hasta que no pudo más y le dijo a su nieto: "Ahora vete y sigue tu camino; gracias por haberme regalado estos minutos".

El joven lo abrazó y le dijo: "Ahora es cuando menos te voy a dejar, te encontré y voy a disfrutar segundo a segundo de tu compañía y cuidaré de ti como si fueras mi padre".

Se mudaron a un nuevo apartamento y compartieron muchos momentos. Fueron años de inmensa felicidad, hasta que ya ese lucero con voz pausada y caminar lento se fue apagando.

EL JUEGO DEL MAGO

Era una mañana fría, con mucha bruma. La gente caminaba de un lado a otro como si fueran a un juego de futbol. Él llegaba a su oficina pensativo y triste, y aunque tenía tantos motivos para estar contento, nada lo alejaba de sus preocupaciones. Tenía en su mano una taza de café, como si fuera su compañera, casi le hablaba, porque en cada sorbo su rostro se tornaba terso y colorido. Era como si recibiera vitaminas que le producían un ánimo y alegría; saboreó el café hasta que dejó la taza encima del escritorio, levantó la vista, caminó hacia la ventana y se quedó observando, absorto en sus pensamientos; recordaba aquellos momentos de su niñez, al lado de su familia, especialmente compartiendo con su madre; iban y venían sus recuerdos en los que todo era hermoso, un campo lleno de árboles frutales, donde siempre pasó parte de su niñez, recogiendo frutos con sus hermanos y amigos; pero el recuerdo que no le agradaba fue el del accidente casero que le arrebato a su madre, aquel ser que se había ido cuando más la necesitaba, le había dejado el corazón roto a corta edad; no lo había comprendido, siempre y a cada instante preguntaba en medio del llanto por qué se había marchado así, sin haberle dado la oportunidad de haber crecido a su lado.

Un llamado a la puerta de su oficina lo sacó de sus recuerdos y lo trajo de regreso a su realidad. Era su secretaria, para darle una nota que sus hijos le habían dejado el día de ayer, cuando el salió a tomarse unas copas con sus amigos.

La nota decía: "Recuerda, papi, que mañana es la final del equipo del colegio y queremos que nos acompañes". Él la puso encima del escritorio y siguió absorto en sus recuerdos; era como si quisiera devolver el tiempo y arrebatarle al destino su madre; quería seguir allí, no pretendía cambiarlo. Vivir en el pasado le producía más dolor, pero aun así, él no quería salir de ese estado, se había anclado lleno de dolor en los recuerdos.

Empezó sus labores del día y en cada papel caían sus lágrimas. Era como si algo del pasado le hubiera roto para siempre el corazón, pero tampoco quería remediarlo, su vida no tenía sentido y se había olvidado hasta de sus propios hijos; por ese motivo buscaba siempre momentos para consumir licor y ahogar las penas. Su familia había dejado de ser prioridad, y aunque cumplía con sus obligaciones materiales, no podía sembrar amor: lo había encapsulado de dolor. Sus hijos le veían siempre llorar y vivir amargado. Siempre me preguntaba: ¿qué le habrá roto el corazón? Seguía trabajando y de pronto otra llamada telefónica lo sacó de sus pensamientos. Lo llamaban del colegio y le avisaban que su hijo menor sufrió un accidente y estaba en el hospital central: se había caído desde el techo de la escuela, a donde subió a recoger una pelota que cayó allí. No pudo contener su rabia con el destino, dio un golpe sobre el escritorio, como queriendo cobrarle su tragedia; tomó sus llaves y salió corriendo hacia el garaje del edificio donde aguardaba su chofer. Le dio las correspondientes órdenes y se encaminaron hacia el hospital. Parecía que el tiempo corría lento y que entre más aceleraba el chofer, más lejos se encontraban. Había un silencio absoluto en el auto y el chofer no se atrevía a lanzarle pregunta alguna; conocía su carácter y no quería molestarlo; sus silencios eran prolongados cuando lo trasladaba de un lugar a otro; sin embargo, le producía tristeza verlo tan malhumorado con la vida. Al acercarse al hospital, le recordó al chofer que estuviera atento a cualquier necesidad, que no se retirara del lugar.

Subió al piso del hospital y desesperado gritaba en busca de su hijo. Los guardias de seguridad del lugar corrieron a su encuentro, porque estaba fuera de sí. Quería respuestas que allí no encontraba; solo podían decirle del estado de su hijo, pero no el rumbo del destino.

Le permitieron entrar a sala de cuidados intensivos con ciertas advertencias, ya que el jovencito necesitaba silencio y un trato prudente. Lo miró, le agarró su mano, lo vio golpeado, con muchos tubos saliendo de sus cavidades, como si fuera un experimento de la ciencia. Sentía una tristeza inmensa por su hijo y se preguntaba qué había hecho para que le sucediera eso a él. Ya había sufrido cuando pequeño una pérdida irreparable, dejándole desolación y tristeza en su vida. Entre más se preguntaba, menos respuestas obtenía, hasta que el cansancio le fue silenciando su mente. Ya no tenía fuerzas para seguirse preguntando, el tiempo pasaba y no sabía cuánto transcurrió desde su arribo al hospital, hasta que sintió que la mano de su hijo le apretaba la suya. No podía creer lo que estaba sintiendo, se emocionó al sentir su calor y se quedó un instante con los ojos cerrados, disfrutando de ese movimiento que le advertía que estaba reaccionando; levantó la cara, abrió los ojos y se quedó mirándolo; notó que no movía su mano; volvió y sintió lo mismo; era algo que no entendía, pero que quería seguir sintiendo, como si en cada apretón le estuvieran inyectando un somnífero. Cayó en un sueño profundo, veía a su madre sonriente, vestida como siempre la había visto, hermosa, de unos colores vivos como ella le gustaba; volvía a sentirse bendecido, ella lo llamaba y le preguntaba: "¿Cómo estas hijo? Él le contestó: "Feliz de verte, pero he estado triste desde tu partida", a lo cual ella le respondió: "Lo sé, te he estado acompañando todo este tiempo, he escuchado tus gritos y he sentido tus lágrimas rodar por mi hombro. He estado allí para acompañarte pero la vida no va hacia atrás y no puedes vivir del pasado, solo te pertenece el presente y es donde tú estás sembrando para el mañana". "Pero madre", le dijo él y ella no hizo caso de sus objeciones y siguió hablando.

–Hijo, te has pasado la vida viviendo de un pasado que no te pertenece; ese era mi destino y no el tuyo, tal vez no comprendiste que no me necesitabas, que tenías que aprender a vivir sin mí; sé que era difícil para ti, pero te quedaste sembrado en ese tiempo y no creciste como ser humano. Has negado todos los dones recibidos y por eso no has tenido derecho a nada en esta vida; recuerda, deja que los muertos entierren a los muertos, sigue tu camino al lado de tu familia, siembra lo mejor de ti para que en primavera veas los frutos y tengas abundancia. Yo tengo que irme, debes aprender a vivir sin dolor ante los recuerdos del pasado.

Sé que me has amado, hijo, y por haber sido el mayor de todos recibiste siempre un cariño especial. Tenías ciertas responsabilidades y viviste muy próximo a mis sentimientos. Sabias lo que estaba viviendo y temía dejarte con la responsabilidad de tus hermanos, esa era mi preocupación. Eras aún un adolescente y la vida te exigía demasiado, lo entiendo. Pero hoy, hijo, que has llegado al umbral de mi puerta, que la luz de la esperanza te ha traído aquí y en este momento, tengo que hacerte saber muchas cosas por las que estás desperdiciando de tu vida.

Construiste una familia hermosa, tienes una esposa que te ama y cuida de ti y tus hijos; ya es hora de vivir para ellos, son la razón de tu vida; tú elegiste y tienes que asumir como tal tu realidad.

Él estaba entrando en éxtasis escuchando su voz; era como si le cantara a su oído aquellas canciones de cuna cuando era niño, se sentía feliz, quiso tocarla y ella se fue sin decir adiós, pero a lo lejos una voz le dijo: "Nunca desperdicies tu vida, la cual te pertenece solo a ti y serás solo tú el responsable de tus decisiones, no es el destino el que te ha castigado, eres tú quien se castiga por algo que ya pasó y lo cruel es que estás sembrando dolor a quienes no les pertenece. Crea armonía en tu entorno familiar para que la energía vital de la existencia te entregue todos tus dones y florezcan como la rosa, aquella que con el sol danza transformando la naturaleza en un paisaje de felicidad. Eres el único responsable de tu destino, no vivas más sumido en la derrota y el dolor, llegaste a este mundo a transmutar tu existencia en un regalo al Creador.

Ahora, hijo, abre tus ojos y mira a tu hijo, te está sonriendo, te está esperando para abrazarte y empezar una nueva vida. Es el momento de retomar tu camino, sanarlo y vivir el presente.

Así fue, al abrir sus ojos se dio cuenta de que su hijo lo miraba y le sonreía, Sucedía el mejor de los milagros, entonces le dijo: "Padre, gracias por tu amor, por estos días en los que me has acompañado y no me has abandonado, la semana que he estado en cuidados intensivos". Él abrazó a su pequeño, le besó la frente y con una mirada de amor le prometió que jamás se perdería un partido de futbol de su colegio.

–Hijo –le dijo– he tenido un sueño con tu abuela y me ha dejado el corazón henchido. Tú fuiste el puente para ir a su encuentro, tú me llevaste a vivir en tan corto tiempo momentos que han restaurado mi vida, fuiste el milagro que el Creador me regaló para que comprendiera que cada instante de la vida no merece ser desperdiciado con el pasado, debemos saltar de ese tiempo inexistente y dejarlo ir como una nube que se posa en un día de lluvia y luego se marcha para darle paso a un Sol que bañe de luz la vida. Hoy he resucitado de mi vida pasada y siento que he rejuvenecido, gracias por tanta bondad y paciencia.

Su hijo, emocionado, se le recostó en el pecho aunque aún tenía vendados los brazos, era como si todo hubiera sido un sueño. Sentía como nunca una energía, que quería salir corriendo hacia su casa y seguir viviendo la magia que había vuelto a renacer, quería llegar y abrazar a su madre que tan triste se encontraba por su accidente. El jovencito conocía del sufrimiento de ella y reconocía la inmensa paciencia, amor y tolerancia que tenía hacia su padre y todos los eventos vividos durante tantos años junto a él. Pero hoy veía a un padre diferente, amoroso y en sus ojos renacer la llama de la esperanza y la paz.

A la semana salieron del hospital sanos, felices y llenos de confianza en el amor divino que les había regalado un bello milagro de amor. Él quiso conducir el auto y llevó a su empleado a su casa, se despidió con una sonrisa y con un golpe en la espalda; le dio las gracias por permanecer tanto tiempo junto a él. El chofer, sonriendo, se fue feliz. Llegaron a casa después de haber recorrido una milla por un camino lleno de flores. Para ellos era primavera y sentían que la vida había vuelto a florecer.

La vida de este hombre dio un cambio total, se volvió más comunicativo, amoroso con su familia y encontró su camino; confiaba más en lo que hacía y abandonó el licor. Había sucedido un milagro y empezó a sanar sus emociones, dejando que todo fluyera, sin presión y lleno de confianza. Retomó su trabajo y cada mañana, antes de dirigirse a su oficina, salía al jardín a mirar el cielo, daba gracias y sonriente le enviaba un beso a su madre.

Su esposa tan amorosa y feliz le esperaba en la cocina con su desayuno, él la miró detenidamente, se acercó, la abrazó y la besó, dándole gracias por su compañía, por su paciencia y por esos hijos que le había regalado; ellos eran su mejor tesoro, y ella, la mejor perla del océano que bañaba su existencia con ternura.

PERDONA PERDONÁNDOTE

En la vida uno de los sentimientos que más daño nos hace es el resentimiento que sentimos hacia ciertos eventos o personas que creemos que nos han herido. Esto en realidad sucede porque seguimos empeñados en continuar viviendo lo mismo siempre y nos quedamos en el pasado, sin liberar nada. Estamos aprisionados en recuerdos que nos deterioran. Pero lo único que conseguimos es perpetuar en nuestro cerebro sentimientos de destrucción, y en nuestro cuerpo, enfermedades de las que a veces no somos conscientes. Nos hemos pasado, por años, viviendo en la prisión de nuestros malos recuerdos. Es hora de empezar a liberarlos, no luchar contra ellos; es mejor ser consciente y dejar que se vayan para que el presente sea más armonioso.

Aún no se comprende que somos responsables de lo que sentimos y somos nosotros los que le damos cabida a las interpretaciones de lo que dicen y hacen los demás. Si dejamos que cada uno se haga responsable de sus interpretaciones, seremos más libres y felices. Esto parece fácil, pero es mejor empezar a ser consciente de lo que estás viviendo y te perdones primero dejando que tus recuerdos se vayan sin lastimarte. Perdónate y aprende ya. Ahora perdona y serás un ser nuevo, ligero y armonioso.

Nosotros somos los que creamos nuestras realidades y así nos hacemos responsables de ellas, pero realmente no ha sucedido así, nos la hemos pasado buscando responsables en nuestras vidas, para sentirnos mejor. Ha sido más fácil producir lastima y querer que la otra persona así lo sienta. Estas son relaciones tóxicas y desarmonizadas.

Durante décadas de nuestra propia historia hemos cargado con culpas que no nos corresponden, por ejemplo, si alguien me pide algo y no puedo hacerlo, es muy sencillo, decir **no**, pero a veces nos es difícil decirlo y terminamos aprobando algo que no queremos hacer y después viene los sentimientos de odio hasta contigo mismo por haber permitido esta situación. Hemos sido educados para pensar en los demás solamente y no en nosotros como seres individuales, nos han dicho que el otro es más importante que yo.

En realidad, primero debemos amarnos y hacer todo lo que en realidad queramos hacer. Somos los únicos responsables de nuestros actos, por tanto, será la manera de poder generar relaciones más sanas; esto podría sonar a egoísmo, pero no. Primero somos nosotros los seres más importantes y así si podemos seguir sincronizándonos con los demás, sanos de mente y libres de compromisos de dar gustos a los demás.

Vive desde el centro de tu corazón y haz lo que creas que es lo mejor para ti, no pienses en qué pensará la sociedad o la familia, no, eso hay que revaluarlo y cambiar paradigmas obsoletos que nos han dejado más vacíos y descontentos, viviendo solo la vida a través de los demás.

Vive desde tu sentir y vuelve a ser creativo y armonioso, dando vida a tu intuición que será la que te unirá a nuestro inconsciente colectivo, que es donde estamos todos interconectados. Sé más consciente de tus actitudes, viviendo libre de presiones externas que te han encerrado la vida en una jaula de inconformidad, aprende a ser tú mismo, deja que la vida se llene de paz y armonía, sé de corazón y mente limpios, sin cargar con las culpas de los demás y, sobre todo, hazte responsable de tus actos y libérate de las interpretaciones que le dan los demás, ya que cada uno crea su propia realidad dependiendo de cómo se siente.

TÚ ELIGES

Uno de los problemas humanos más complejos que tiene que ser considerado como importante en nuestra vida, es el de elegir siempre ser felices. Muchos, desde su niñez, han vivido dentro de la cápsula de las emociones negativas: lo depresivo, lo desgraciado y el odio han alimentado su ser y entorno.

La manera como los seres humanos son criados juega un papel importante, define su vida; por lo general, lo único que hacen es repetir historias de familia, donde no se permite romper patrones obsoletos que han generado vidas desgraciadas e infelices; porque ser infelices genera más atención de los demás, te conviertes en un lastimero que necesita ayuda, entonces, hay asociaciones que te pueden ayudar a seguir en ese estado y donde solo te ofrecen un momento de cuidado y así ganas; pero lo que no sabes es que esto genera seres pobres de espiritu, con autoestima baja, que van por la vida mendigando un poco más de atención, lo que constituye una adicción a la mediocridad.

Desde niños empezamos a manejar las emociones para llamar la atención de los demás; siempre que se es infeliz todos son amables y obtenemos simpatías, y alimentamos más el ego; porque la atención funciona como un alimento para el ego, es un estimulante mayor que el alcohólico. Te da energía y sientes que eres importante; por eso hay tanta necesidad de recibir atención, porque si todos están pendientes de ti, te vuelves importante. Cuanta más atención te preste la gente, más ego obtienes y menos eres tú, porque así estas buscando crear grupos para sentirte "alguien", esa máscara que la sociedad necesita para que sigas siendo la marioneta del mismo circo.

El niño aprende la manipulación, porque está bien ser desdichado, obtienes simpatía y todos son atentos. Aparentar estar enfermo te vuelve importante. Un niño enfermo se vuelve un dictador; toda la familia tiene que seguirlo.

Cuando está feliz nadie le escucha. Cuando está sano nadie se preocupa por él. Cuando está perfecto nadie lo atiende. Desde el principio mismo empezamos a elegir lo desdichado, lo triste, lo pesimista, el lado oscuro de la vida.

Nos pasamos la mayor parte de nuestras vidas respondiendo al mundo tal como creemos que se espera de nosotros, lo cual ha dado lugar a la creencia de que poseemos un conjunto de características que, sumadas, constituyen una "personalidad". Pero la verdadera "persona" está debajo de esa máscara pesada y artificial.

Siempre que estás feliz, alegre, que te sientes dichoso, todos están celosos de ti. Los celos significan que todos son antagónicos, nadie es amigable; en ese momento todos son un enemigo. Así has aprendido a no ser feliz, a no mostrar tu dicha, a no reír, para que nadie sea hostil contigo.

Reír ha pasado a ser un acto desconocido, irreal, así que cuando se ríe desde nuestro vientre se piensa que estamos locos, dementes, se dice: "¿Cómo puede ser feliz con tantos problemas en el mundo?", entonces pasamos otra vez a mostrarnos como la sociedad quiere que seamos.

¿Qué tipo de sociedad es ésta? Si alguien es desdichado, todo está bien; se ajusta, porque toda la sociedad es desdichada, más o menos. La opción está allí, pero incluso te has vuelto inconsciente de ella. Has estado eligiendo lo equivocado continuamente, se te ha convertido en un hábito tan muerto, que simplemente lo eliges automáticamente. No queda ninguna opción.

Si ya aprendiste que ser desdichado es tu elección, entonces acepta tu responsabilidad y no te quejes por tu escogencia, ese es el juego de tu vida, el camino que elegiste, pero si has aprendido que para ser felices se necesita solo vivir, reír, cantar y sentir la vida tal como llega, sin pretensiones ni reclamos, solo gozando cada minuto de vida con amor, estás entrando al verdadero sentido de la vida, de tu vida, de ese espacio vacío que está dentro de ti y que deja que lo llenes de paz y armonía para que seas como un manantial de luz para tu vida y entorno. Hay un tiempo para todo, así que disfruta de cada uno y deja que te iluminen de amor.

Elige, es tu responsabilidad y no de los demás. Madura y hazte creador de un nuevo ser, así podrás generar un entorno más saludable y serás un multiplicador de seres más felices y tendrás más opción de una vida más plena.

Ahora que has llegado a este punto, conociendo donde te encuentras, podrás saber para dónde vas, descubrirás la misión de tu vida y crearás tu mundo basado en tu ser.

Prosperidad y éxito

Todos poseemos la capacidad de ser lo que queramos; podemos transmutarnos en el ser que más deseamos ser, es algo muy sencillo pero exige mucha decisión e interés para lograrlo, haciendo todo por conseguirlo, no dejando nada al azar.

Se pueden conseguir cambios importantes en la actitud hacia percepción, prosperidad, salud, apariencia y relaciones personales, con solo identificarnos con ese ser y sentir que cada día estamos logrando; crearemos hábitos saludables de autoestima con un poder absoluto sobre nuestro destino y entorno.

Empecemos a identificarnos con nuestro sueño; pero primero hay que diferenciar entre fantasía y sueño. La fantasía es algo ilusorio, fantasioso, sin sentido e irrealizable; en cambio el sueño es tangible y medible. "Busca y se os dará", así de sencillo, sin miedos y con la seguridad de que todo es posible y está al alcance de cada uno de nosotros. Claro, hay que hacer todo para alcanzarlo, no se le puede dejar al azar. Es por eso que hay que tener buenos hábitos de autoestima.

Créete maravilloso y con poder para lograrlo y el Universo entero se confabulará para que lo logres. Dios, que está en todas partes, te hará realidad tu propósito, no lo dudes jamás y ten tu plan de vida con todos los objetivos y medios para lograrlo.

Sé creativo y flexible ante cualquier falla, no creas que es solo quererlo y sentarse a esperarlo; requiere aprender a vivir desde nuestro interior y crear todos los eventos con inteligencia y pasión para obtener cada éxito en el camino hacia conseguirlo.

Recuerda tus talentos, y si no los conoces aún, empieza por descubrir tus fortalezas, para que tu capacidad infinita de creación haga de tu entorno el camino correcto.

Todo tiene una vibración y bailamos al unísono con todo lo que nos rodea, según esa energía que conformamos, por tanto, conoce la frecuencia con la que te apasionas con lo que quieres y con tu capacidad para hacer de tu sueño una realidad; cuando nos conocemos y sabemos de lo que somos capaces, estamos vibrando o energizándonos con nuestros sueños, identificándonos a tal punto, que no habrá nada que nos saque del camino hacia el éxito y la prosperidad. Sé que estamos pasando por épocas difíciles, porque estábamos acostumbrados a un estilo de vida que fue construido sobre un materialismo incontrolable, pero ya conociendo una realidad, hay que saberlo aprovechar, revaluando lo que no sirve y recoger lo positivo para crear nuestros objetivos y seguir con nuestro plan de acción.

Define cuál es el propósito de tu sueño. Recuerda que la forma en la que vivimos está definida por la forma en la que soñamos para crear nuestra realidad. "Como está en su interior es su exterior". No lo olvides, hay que cambiar la forma de ver y sentir la vida, para crear todos los pasos hacia el éxito y la prosperidad.

Haz cambios a nivel mental con pasión, luego conviértelos en actitud y finalmente cambiará tu personalidad y la conducta, logrando una transformación absoluta, incluso hasta en apariencia. Te convertirás en un imán que todo lo atrae, con el convencimiento de que eres el mejor regalo de la Creación en este mundo de energía positiva.

La intención debe encaminarse a lograr el propósito de nuestros sueños. Nunca busques algo diferente a lo que deseas. ¿Quién busca y no encuentra? Es muy sencillo si tienes una actitud de búsqueda positiva, no hagas esfuerzos, está a tu alcance, con solo empezar a cambiar tus hábitos de vida.

Convierte lo negativo en positivo, porque nada es absoluto, siempre hay verdades a medias. Date la oportunidad de darle relevancia a tus objetivos, sin perder el propósito de tu sueño. Hay que transmutar el ser viejo que hemos creado por mucho tiempo y empezar la transformación en un hombre nuevo, siendo y viviendo desde el interior de nuestro ser, sintiendo que todo nos lo merecemos.

Observa mentalmente tu sueño o visualízalo en el interior de tu mente, haz de su interior una bola de cristal para crear todo lo necesario, dejando de lado todo lo viejo y preestablecido y vuela como el águila hacia las nubes, para inundar nuestro ser de energía que nos haga recordar de lo que somos capaces, si ese es el propósito de vida.

Los objetivos a seguir deben ser buscados con pasión y amor por todo lo alcanzado día tras día y, sobre todo, no olvides reír y gozar con todo lo que estás consiguiendo.

Elimina el miedo al fracaso y cada falla será un aprendizaje para lograr el sueño.

Siéntete ya un ser próspero y feliz.

No quiero con esto crear un manual, pero sí ayudar a buscar nuestro objetivo en esta vida y, especialmente, aprender a ser feliz y próspero, porque nos lo merecemos. Cree en ti y empieza a revaluar lo que ya es parte de un pasado; crea relaciones felices y no toxicas, de miedo. Los sueños son realizables y son parte de todos los seres vivos. Aquel que no sueña y se ha convertido en seguidor y no líder de su propia vida, está muerto en vida.

Vivir es como subirse a una montaña rusa y sentir que las alturas son para aquellos que sienten la vida con pasión y amor por todo lo creado, con gratitud hacia lo divino y a todos aquellos seres que conforman nuestro entorno, que son los más relevantes en nuestra propia historia.

TUVE UN SUEÑO

Caminaba descalza por un sendero sembrado de rosas, disfrutando de la energía de la Tierra y vi una puerta que se abría; a medida que me acercaba a ella, sentí ansiedad y quise correr, pero una voz me dijo: "Para qué correr, si siempre lo vas a saber, no es un misterio está dentro de ti y hoy lo vas a comprender". Era la voz de mi interior que retumbaba en mi mente.

Seguí disfrutando y al atravesar la entrada vi algo que me dejó perpleja y feliz, era un mundo lleno de paz, hermoso e irradiaba armonía; llegué a preguntarme si eso era realidad; no había terminado de preguntarme, cuando otra vez me dijo: "No asumas que esta es la realidad, todo es como tú lo quieras mirar y recuerda que como estás adentro, es el exterior. Tu realidad es producto de tu mente y solo quiero decirte que es necesario que aquí vacíes tu mente de todo pensamiento preestablecido y disfrutes del milagro que el Universo te está regalando".

Quise abrir mis ojos para comprobar que era realidad, pero este ser que me guiaba y que venía de mi interior era de otro mundo; de ese mundo que convive conmigo y que por mi falta de fe he dejado a otros manipular mi verdadera realidad. Seguí en mi sueño disfrutando de ese despertar, para poder hacerme acreedora de esa obra mágica que lograría despertar mi guía interior hacia mi plena realización, ese manual que el Universo nos ha regalado y que aún no ha sido comprendido.

Mi guía siguió moviéndose y creí que partía, pero con mucha serenidad me regaló una sonrisa, aclarándome que la vida y todo tiene movimiento, que nada es estático, que debía adaptarme a cambios continuos, que así como hay vida también hay muerte; que el ser que fui ayer ya no es el mismo hoy, todo fluye, se expande y se contrae, como el Universo entero, vibra como si bailara al son de la música de las estrellas y galaxias. "Todo cambia y vibra, y deberías estar en sintonía con todo, para que pudieras vivir en armonía -me dijo-, baila la danza de tu realización, vive, siente y crea tu propio mundo, eres responsable de tu propia existencia, no se la dejes a otros.

Tu vida y la de los demás es igual a la de cualquier ser vivo, recuerda siempre que eres parte de todos y de todo.

Todo lo que está a merced de tus sentidos está dejando en tu ser una realidad lineal, donde has apartado lo realmente valioso: vamos y volvemos sin percatarnos de que somos mucho más que seres físicos y limitados; aprende a trascender en todos los campos de tu vida, será la manera de vivir plenamente cada segundo de tu existencia; y aun lo que ves y sientes con tu corazón que es sustancial, no es comprendido porque hay que ver con los ojos del alma, que son parte vital para tu existencia, estamos interconectados aunque no nos veamos; abre tu mente y tu corazón para que estés en sintonía con todo el Universo. Cuando aprendas a vivir en armonía contigo mismo, serás un ser próspero y feliz.

Quise en algún momento hacer una pregunta, pero ese ser puro y bello que había despertado de mi interior estaba floreciendo en el jardín de mi existencia; dejé que siguiera hablándome, me deleitaba con su compañía y me sentía en una nube, danzando al unísono con sus palabras que llenaban cada célula de mi cuerpo y me recordaban el milagro que era y lo que podía realizar con solo dejarlo florecer para que viera el jardín del Edén hecho realidad. Así que si quieres ver tus sueños hechos realidad, sé honesto contigo mismo y aprende a creer que todo lo tienes; pide con la intención de que todo se te dará, ten fe en que todo se recibe en el momento preciso o ¿acaso has sembrado prosperidad y has recibido miserias?; recuerda que tienes que ser consecuente con lo que quieres, esto quiere decir que el que pide, recibe, pero solo aquel que sabe pedir será beneficiado y la vida pueda ser siempre próspera.

"Sé que tienes dudas", me dijo, no sé cómo lo supo, pero no me dejó terminar cuando reparó otra vez mis pensamiento: "Te conozco bien y tú no sabes quién eres, has vivido en oscuridad, cuando tu luz está en tu interior; no has sabido de tu potencial y no has creído en ello, has estado en la prisión de tu cuerpo material sin dejar que tus cuerpos mental y espiritual vivan en armonía, para que el milagro obre con toda intensidad".

Este ángel o hada que había despertado en mi interior estaba haciendo una metamorfosis en mi vida para generar un ser nuevo, en el que el efecto sería un mundo próspero y feliz donde solo reinaría la transformación de vivir con mi ser o con la guía que vivía en mí; después de este pensamiento, sentí un beso que me iba despertando y una caricia con unas manos tiernas que me abrazaban para decirme: "Son las 10 de la mañana y aún sigues dormida". Sus ojos marrones y su piel aterciopelada me hicieron comprender que la vida es siempre como la queramos vivir, que dependiendo de nuestros pensamientos reflejaremos nuestra realidad, que somos responsables de nuestra existencia y de hacer florecer en nuestro interior todo el potencial que nos fue dado para vivir plenos y felices.

La sonrisa de mi ángel fue la culminación del mayor encuentro de mi vida con mi mundo paralelo, recordándome "el manual de mi vida".

SOMOS MARAVILLOSOS

Somos lo que pensamos, así que si queremos vivir en armonía necesitamos crear pensamientos positivos en los que los sentimientos nos propicien un estado anímico acorde con lo que estamos generando en nuestro cerebro.

Cuando tenemos algún pensamiento por largo tiempo, es transmitido al Universo y se adhiere a la frecuencia de lo semejante, dando como respuesta frecuencias por medio de nuestros sentimientos.

Hay que crear un equilibrio entre lo que pensamos y sentimos, porque ¿quién puede tener pensamientos positivos si siente ira?; así de sencillo es lo que se crea en la mente humana.

Las leyes universales son las mismas que nos entregan a todos las herramientas para vivir en sincronización perfecta; solo cuando empezamos a transformar nuestros pensamientos en los dones más valiosos, podremos ser exitosos, prósperos y felices.

Alguien, hace poco en una charla, me decía: "Suena bonito pero no es cierto". Es aquí donde está el error, no lo creemos, negamos y nos empeñamos en no creer en nosotros y en todo el potencial que nos fue dado. Podemos lograr todo lo que queramos, es solo dar un giro en nuestras vidas y comprender el diamante en bruto que somos. Hagamos de la alquimia nuestra ciencia para lograrlo. Podemos ser oro en abundancia si así lo pensamos y sentimos.

Cada día doy gracias por ser quien soy, sigo descubriendo que ese amigo que llevo en mi interior me hace partícipe de todo su esplendor, revelándome las maravillas de la Creación; soy maravillosa, de eso estoy convencida. Solo quienes creen pueden lograrlo, la transformación del hombre en oro, ese metal que sigue resplandeciendo a través de los tiempos, que no cambia, solo se transforma; eso somos los seres humanos, un brillo que ilumina si lo estamos pensando.

Piensa positivamente y lograrás volar a donde tú lo sueñes.

Piensa con alegría y generarás transformación a tu vida.

Piensa y siente con amor y serás un ser humano creador de realidades infinitas en las que solo reine la magia del Universo.

Piensa positivamente y serás exitoso y próspero. Es solo creer que tienes todo el potencial para lograrlo, no lo niegues y el Universo se une a tu energía creadora.

Piensa positivamente y serás el mejor regalo a la humanidad.

Solo sé lo que tú quieres ser, haz lo que tu corazón te guíe y siéntete existiendo en este mundo mágico, cocreando una realidad infinita de paz, armonía, prosperidad y amor.

Sé tu propio mago, despierta, ya es hora, no le dejes a otros esa responsabilidad, eres el arquitecto de tu propia vida.

Cuando aprendas a vivir de acuerdo con tus sueños internos, sin sabotearlos, sabrás comprender qué fácil es la vida y qué maravilloso es estar en este mundo cocreando tu propia realidad.

Hoy cierra tus ojos y aprende a vaciar tu mente, solo dedica 15 minutos en la mañana, en silencio profundo y en un espacio cómodo relaja todos tus músculos, consciente de tu respiración;

también destina otros 15 en la tarde; cuando te vayas acostar vuelve a un lugar cómodo, tranquilo y da las gracias por el día tan maravilloso que viviste; recuerda los logros y aciertos que están creándote una vida exitosa; además, pregúntate lo más hermoso sobre ti, por ejemplo: si tienes un proyecto de vida sabrás decirte qué maravilloso es ir conquistándolo paso a paso, así que ¿por qué todo lo consigues? ¿Cómo soy de próspero(a)? Si todo lo hago bien es porque estoy alineado con todo mi ser y sigo el camino que me he propuesto, ¿por qué sigo avanzado con tanta sabiduría y soy tan positivo?

Estos pensamientos y preguntas te ayudarán a generar confianza y el inconsciente te dará las respuestas para programar tu mente hacia la conquista de tu plan de vida.

La alquimia del amor

La vida pasa a través de muchos instantes y a veces no nos damos cuenta de lo bella que es. La dejamos partir, dejándonos vacíos y sin sabor. El solo hacer un pare y mirar a cada lado, sentir la presencia de todos los seres que nos rodean y con los cuales estamos interconectados, es empezar a ser en este mundo mágico una transformación en nuestras vidas. La alquimia fue parte de la doctrina aristotélica, la que postulaba que "todas las cosas tienden a alcanzar la perfección", así que podemos convertir nuestras vidas en oro puro, si eso es lo que llevamos en nuestro corazón, creando vida nueva a cada instante, dejando que la vida transcurra libremente, llena de satisfacción con lo que somos y poseemos, disfrutando de todo lo que está a nuestro alrededor, liberándonos de las cadenas que por siglos nos han atado a una realidad que no nos pertenece, nada de esto es verdad, hemos olvidado que somos infinitos, podemos volar sin tiempo, en donde solo exista nuestro mundo, ese que nos pertenece a cada uno. Hemos olvidado nuestros sueños de vivir con todo el potencial que llevamos en nuestro ser, podemos transformar nuestro mundo de pesadilla en armonía total, en el que la paciencia con nosotros mismos nos dé la perseverancia y la fortaleza para ser valientes, con la seguridad de que todo pensamiento armonioso nos traerá una realidad llena de paz y prosperidad.

Es verdad; somos lo que pensamos y llevamos en el corazón. Aún recuerdo cuando papá me decía: "Los ojos son el reflejo del alma". Esta expresión, que por generaciones se ha transmitido, nos ha querido enseñar lo valioso que es volverse observador, aprender a sentir la vida con la misma pasión con la que fuimos creados y, sin embargo, nos olvidamos que podemos ser los magos de nuestra realidad, esa en la cual usted, yo y todo sabemos que sí lo podemos lograr, es solo vivir sintiendo que todo nos pertenece y que somos los responsables de nuestro presente, lo que nos premia con una actitud positiva y siendo cada día mejores personas.

Hoy, a la altura de mi existencia, he tenido experiencias mágicas como tristes, en las que la película de mi vida me ha dejado enorme felicidad, engrandeciendo mi alma y logrando una simbiosis con el Universo, como lo hacen los pájaros y las flores, que se necesitan para seguir con la existencia de todo lo bello creado por Dios.

Usted y yo somos magos y podemos lograr esa transformación desde el centro de nuestro corazón, no sienta miedo y libérese de todo lo preestablecido dando rienda suelta a una nueva vida. Construyamos desde nuestros propios sueños y seamos prósperos, felices y llenos de paz y amor. Somos lo que pensamos, es ese el secreto de la alquimia, como todos los filósofos e iluminados nos lo han contado.

Ahora cree en ti y avala todo tu potencial, empezando una nueva vida.

"Como es arriba, es abajo" y como está adentro, es su propio mundo.

Para que comprendas mejor tu propio mundo solo bastará con aprender a vivir con conciencia cada acontecimiento; recuerda aquellos momentos en que te has sentido feliz, sin comprender qué te tuvo en ese estado; pero ¿de pronto pasas a sentirte deprimido con la misma facilidad?

Bueno, si eres de las personas que piensa una cosa y luego hace otra, como si fueras una marioneta del destino. Si no entiendes ¿por qué tu vida está en ese estado tan deprimente? Todo esto es solo producto de una vida sin sentido y porque tú has estado todo el tiempo dormido; ahora despierta y aprende a reconocerte, mírate a un espejo sin miedo, libérate de miedos y de sentimientos erróneos que no son tu esencia y que has dejado permear por otros; aprende a vivir libre de ataduras a un pasado que te ha limitado, dejándote la vida que tienes hoy.

Ser consciente es de suma importancia para liberarse de emociones erróneas; es solo aprender a mirar a las personas y los acontecimientos con otra perspectiva y dejar que todo fluya de la manera que debe ser; no te apegues a resultados que solo te llevarán a buscar controlar, lo que te restará la energía que necesitas para que tu vida sea exitosa y próspera.

MAESTRÍA DE VIDA

En estos tiempos de tanta turbulencia universal y con cambios de tanta relevancia, la vida para muchas personas se ha tornado difícil, confusa, complicada y sin sentido, por lo que a cada paso se encuentran vacías y lejos de encontrar un motivo que les llene la existencia.

Hay necesidad de empezar a vivir desde el centro del corazón, desde nuestra intuición, de adentro hacia fuera y no de afuera hacia adentro, para no crearnos realidades falsas, las cuales ni nos pertenecen, produciéndonos vacíos y muchos interrogantes de qué es lo que está pasando en nuestra vida y entorno. Un mundo convulsionado que tiene a la humanidad con estrés y lleno ansiedades, problemas de corazón, tantas enfermedades y vacíos en el alma.

Hoy en día, con tantos problemas financieros, las parejas ya no se resisten, lo que ha generado lo que denominó "el Síndrome del dinero", por el que tambalean las economías familiares y se derrumban las relaciones de parejas, ya no hay amor solo interés por conservar las posiciones dentro de cada entorno; qué tristeza, el amor pasó a un segundo plano, es lo que menos vale, solo los intereses. El amor, sentimiento en el que se basa todo lo que somos, una energía que se debe extender y abrazar a toda una humanidad carente de todo afecto, a una sociedad con un corazón calcificado por la ambición y lleno de desconfianza a cada segundo y a cada paso.

Para ser felices solo debemos descubrir esa fuerza interior que rige cada vida, volver al centro de lo que somos, creer en la vida y en ese soplo divino que hace que cada uno sea quien es.

Volver a sonreír y hasta reír a carcajadas para que esa energía que sale en ondas se entrelace con las del Universo, creando desde sanación hasta sensaciones de libertad y felicidad de seres de energía irradiando paz y amor a un mundo paralizado por la falta de miradas de amor, de palabras de aliento.

Cuando veía llover y ver el granizo golpear mi ventana me quedé perpleja al sentir la fuerza del Sol crear cambios en el clima; en unos momentos se tornó sombría la tarde y al tiempo ver al astro rey reluciente, iluminando y calentando cada centímetro de este mundo que no percibe la necesidad de hacer cambios que generen relaciones de amor entre cada uno de nosotros; no un amor contaminado por la sociedad, sino un amor libre con respeto y tolerancia por la singularidad. Vivir es solo ser, dejar que ese poder interior sea la gasolina de nuestro sentir y dejarle recorrer cada centímetro de nuestro cuerpo, cada célula de nuestros sistemas sincronizados para vivir en armonía.

El Universo es perfecto y divino, pertenecemos a él como él pertenece a nosotros, danzamos al unísono sin percatarnos y aunque nos revelamos a vivir en armonía, él nos trae de regreso y nos enseña a ser maestros de la vida.

Si aún no sabes cómo ser tu propio maestro, no te preocupes, con solo ser tu mejor amigo has dado el primer paso al amor, porque recuerda que si no te amas, no podrás dar lo mejor de ti; además, para tener tu red de amistades necesitas vivir en sintonía con todas las leyes universales como las siguientes:

1. Como piensas actúas, esa es tu realidad, porque todo es mental.
2. Todo está en movimiento, por tanto debemos evolucionar y dejar que cada acontecimiento de nuestra vida siga sin tratar de detener el tiempo y menos vivir del pasado.
3. Todo es dual, tiene dos polos; los opuestos son idénticos en naturaleza pero diferentes en grado, así que nada es absoluto y tú no tienes la verdad absoluta. Lo que sí se puede decir es que tu verdad difiere de otras verdades, por tanto, vivir en armonía con otros es respetar sus opiniones.
4. Aprende a vibrar en la misma dimensión del Universo y crearás armonía en tu vida; no alteres nada ni le pongas

emociones que no corresponden a sus acciones. Vive y vibra con armonía.

5. Aprenda a ser la causa de todas sus decisiones y no permitas que otros determinen cómo entrar al juego de la vida; sé responsable de tus acciones y deje rodar la película según tu realidad interior.

6. Todo tiene su complemento para que haya un equilibrio; dentro de cada ser hay dos géneros, que propician que se originen seres fuertes pero tiernos, llevando dentro de la misma moneda las dos caras.

7. Las respuestas que das a tu vida es lo que llevas en tu interior; si a tu mente entran ideas negativas acerca de ti, solo saldrá pesimismo y una vida caótica.

Ahora que ya tienes una idea de cómo funciona el todo al cual perteneces, puedes elegir seguir viviendo sin guía o tomas el timón de tu propio destino y aprendes a redirigir tu vida hacia el destino de una realización plena y satisfactoria.

LA FUERZA UNIVERSAL

Veo el amanecer y la Luna coqueta engalana el azul del firmamento, dejando la estela de amor y con su frescura irradia su imponencia a la llegada de un nuevo día. Cuando nos disponemos a levantarnos, ella empieza a desvanecerse ante la ojos de todos. Aquellos que disfrutamos de su existencia en este Universo mágico, sabemos que su partida es solo para seguir con su belleza por otros lugares donde la esperan algunos y otros ni se percatarán de su existencia.

Esta amistad que, sin darse cuenta despierta en mí la fuerza que hace palpitar mi corazón, ha dejado en mí algo de melancolía. Es una amistad sin pretensiones, menos intereses; solo una luz de energía que con solo cerrar mis ojos siento en cada noche su ternura y amor sincero; la Luna, ese ser mágico, gigante, que tantas historias ha inspirado, hoy lo ha hecho conmigo, porque siento la fuerza de su energía recorrer cada rincón de mi existencia.

Hoy he querido plasmar en este escrito lo que significa en verdad sentir amor sincero por un amigo: muchos creen que no puede haber amistad entre un hombre y una mujer, sino que hay intereses de todo tipo; otros dicen que la amistad no existe. Toda esta negatividad que se escucha es solo porque hemos perdido la sabiduría del amor, se espera demasiado de las otras personas y nos olvidamos de que todos somos diferentes, por tanto, únicos. Veo el amanecer y la Luna coqueta engalana el azul del firmamento, dejando una estela de amor. Deberíamos aceptar y no juzgar; perdonar las ofensas de corazón y dejar que todo fluya.

Recordaba un acontecimiento que marcó mi vida, dejándola vacía y con un dolor inmenso; me tomé el tiempo para meditar y vivir mi tristeza entre lágrimas, porque solo podía comprender que la vida es solo un minuto, porque los otros ya pasaron, que solo aquel que ama a sus amigos sabe lo que es sentir el dolor de su partida; los días fueron pasando y mi corazón fue encontrando la paz y la alegría, ya no preguntaba, solo aceptaba y dejaba fluir para que todo volviera a ser como siempre lo había sido; ya no formulaba más por qués, pero sí muchos momentos de felicidad al sentir que aquel cisne negro encontraba su paz y su lugar en este Universo sin límites; comprendí que el amigo es aquel que no espera nada, solo da; no tiene envidias y menos habla mal de él; comprende y acepta; no pone su vida en la palestra pública, sabe respetar y no permite que se hable mal de él; solo aquel que tiene paz en su corazón siente la alegría y el dolor como las partes de un todo en el que solo reina un equilibrio total.

A mis amigos de corazón me queda decirles que son importantes para mí. A mi familia, que ha permitido que mi vida se expanda como una gota de aceite en la inmensidad del mar, solo me queda ofrecerle un suspiro de gratitud por todos los momentos compartidos que han llenado mi vida de encanto y felicidad.

Hoy, las olas del mar galopan como queriendo romper el aire; son fuertes pero bellas, desean ser vistas y anuncian la proximidad de vientos y lluvias más fuertes que dejarán nuestro mundo más fresco y encantador; sus colores grises en todas las tonalidades pintan el cielo de bellas figuras alegóricas. Vuelvo a suspirar por todo su encanto y retomo mi reflexión de vida.

Mis padres fueron encantadores, hoy no escribo lo negativo, no soy quien juzgue; sus enseñanzas y momentos compartidos dejaron en mí las bases de la sinceridad, el respeto, el dar sin esperar nada a cambio, pero lo que más me ha marcado es la enseñanza de no hablar de los demás, nunca me permitieron juzgar, solo debía aceptar; esas bases hicieron de mí un ser lleno de amor para todo aquel que pasara a mi lado.

Mi madre, que aún vive, me sigue enseñando qué bello es decir "Te amo", palabras que salen de su corazón, que escucho a través del teléfono y me embriagan el corazón, dejándolo henchido de amor y paz. A ese ser que me dio la vida y que aun desde la distancia me reconforta con sus palabras, hoy no me queda más que decirle, como siempre lo he dicho, "cuánto te amo, madre, gracias porque distes parte de tu vida para que yo estuviera en este mundo cocreando la realidad universal, en la que la sincronización se siente a tal perfección, que no necesito los sentidos para confirmar, solo siento y con el corazón experimento la belleza de la Creación, al permitirme ser parte de este Universo perfecto y amoroso, el cual nos da todo lo que queremos"; solo nos toca creer y sentir que todo se nos dará en el momento en que de verdad lo necesitemos.

Cuando me recreo sintiendo la vida, vivo intensamente las miradas y palabras de aquellos que no saben que vivir es sentir la vida a plenitud, de aquellos que los segundos se les escapan en un abrir y cerrar de ojos, dejando al paso un olor a miedo, porque no saben qué hacer con su existencia y no entienden la maravilla que son en este milagro de la existencia. Vivamos solo permitiendo que la energía fluya por nuestro ser, para que siga su participación con todos los seres que formamos parte de este sistema de vida, para construir redes de amor que nos lleven al conocimiento de nosotros mismos.

Este relato es un sentir de quien ha encontrado el verdadero significado de la vida: el amor.

Cuando leas esta carta sabrás que aprender a vivir sin apegos es dejar que todo llegue y siga su camino sin pretender controlarlo, esa será la manera de vivir feliz.

CONÓCETE A TI MISMO

En el famoso oráculo de Apolo, en la isla de Delfos, en la antigua Grecia, había una famosa frase que decía: "Conócete a ti mismo y conocerás el Universo y a los dioses". Es inaplazable comprender que la sabiduría del conocimiento está en cada uno de nosotros, el cofre perfecto que forma nuestra base del encuentro con la divinidad, la cual es nuestra conciencia, la que nos hace a cada instante sentirnos maravillosos. Despertar y entrar en contacto directo con nuestro inconsciente nos dará la sabiduría para vivir en comunión con el inconsciente colectivo, aquella energía universal en la que todas las conciencias se encuentran sincronizadas y de allí podemos obtener toda la información para vivir en armonía con toda la Creación, donde todo vibra creando un mundo lleno de éxito, prosperidad y salud.

Cada ser trae un manual en su interior y es su responsabilidad hacerlo suyo para crear su vida según su propósito de vida. Uno de los mayores retos que se tienen es el de vivir felices y plenos de amor.

Vibrar en amor, el más absoluto poder creativo del Universo, es ser un actor importante en este escenario de nuestras vidas. Es por eso que desarrollar el hemisferio derecho de nuestro cerebro, para que vivamos en armonía y perfección con nuestra existencia y la del Universo, será de radical importancia para la vida. Retirar toda muestra de odio por los demás, de rencores que enferman y destruyen; empezando por generar amor para que nuestras vidas se alineen y demos lo mejor de nosotros como una ofrenda de gratitud por lo que somos.

¿Sabías que poseemos dos hemisferios cerebrales y solo hemos desarrollado el izquierdo? La parte lógica y visual ha guiado nuestras vidas por siglos, desconociendo la parte intuitiva, creativa y divina, la cual nos equilibra con la perfección. Hemos desconocido que somos seres perfectos, que estamos aquí hoy y siempre para crear la armonía que tanto estamos buscando en un mundo en desafíos y lejos de la realidad de la verdad de la vida.

Este poder innato y oculto que está en nosotros cada segundo de nuestras vidas esperando a ser reconocido y escuchado, es hora de que lo empecemos a despertar para que encontremos la verdad de nuestro ser, el cual es el secreto a la felicidad, al éxito y a todo lo que por siglos nos hemos negado. Es el secreto que todos buscamos desesperadamente o más bien la fórmula mágica que nos dé respuestas a los sufrimientos o miedos.

La prueba fehaciente de que Dios está en cada uno de nosotros es la existencia de cada uno; no se puede negar la presencia en la creación perfecta de cada ser y es por eso que debemos comprender la dimensión de lo que somos.

Nuestro cuerpo es perfecto y solo nuestra mente termina por desconocerlo, convirtiéndonos en esclavos de lo que los demás quieren que creamos y no de lo que realmente somos.

Nuestro ser funciona internamente con tal perfección, que no necesitas darle órdenes, él ya sabe lo que tiene que hacer. Tus células funcionan con la inteligencia de cualquier sistema computacional y no cometen errores, son perfectas. Fuimos creados a imagen y semejanza de Dios, y Él nos mantiene vivos y unidos a todo; igual sucede dentro de nosotros. Es hora de empezar el camino, despertar, porque todo lo que queremos crear es posible, vinimos a ser felices es una verdad, solo que nos desviamos del camino.

Dios está en cada uno de nosotros y solo cuando aprendamos a reconocerlo, podremos descubrirlo en todas partes y en cada uno de los seres vivos; una planta, un bebé, la puesta del Sol, las olas del mar; pero para poder verlo y maravillarte con su presencia tendremos que sentir que vive dentro de nosotros.

Conociendo lo anterior, todo aquello que vemos en el mundo que perciben nuestros limitados cinco sentidos, el mundo de la materia densa, es prácticamente irrelevante cuando conocemos cómo trabaja la fuerza y la energía creadora. ¿Qué es lo que quieres de ti mismo y de lo que te rodea? Si deseas odio, tan sólo "cría cuervos y te sacarán los ojos"; si deseas amor, tan sólo tienes que ofrendar tu vida y tu corazón a Dios.

Empieza reconociendo quién eres, mírate al espejo y verás una diminuta realidad de esta expresión divina, pero no menos maravillosa de la vida. Ahora solo mira con los ojos cerrados lo que tienes en tu interior y así comprenderás que el exterior no es relevante al regalo de la vida, es simplemente la envoltura del regalo divino.

Comienza a brillar con el Sol que te alumbra y abriga con su calor, te maravillarás y no lo medirás por su brillo. Deja de buscar fuera, cuando el manantial armonioso y hermoso está dentro de ti. Ve disminuyendo el ruido en tu cabeza y empieza a darle paso a la voz de tu corazón; decide ser feliz con lo que eres, sin miedos y dando paso a la luz.

Cuando comencé a sentir un cambio en mi vida, después de tanto recorrer buscando respuestas a mis interrogantes, cayeron libros tras libros, devorados para calmar mis ansias, sentí una voz que decía en mi interior, que las respuestas las hallaría dentro de mí, "no busques afuera lo que está dentro de ti". Por eso, con la obligación y el amor de compartir la maravilla del diamante que encontré en el cofre de mi interior, me puse en armonía y lista para compartir solo el amor que hay en mí y en todo lo que soy como ser humano.

Que la luz del Creador esté en cada uno de ustedes e ilumine sus mentes y sus corazones, y que el amor sea lo más relevante en la vida, para que en cada rincón brille la ilusión de vivir en armonía y amor. Que los paradigmas de la mente sean borrados para dar cabida a lo real, lo que siempre ha estado dentro de cada uno de nosotros: el amor y todos esos maravillosos sentimientos, emociones y deseos por ser libres y prósperos.

Aquellos que están en la búsqueda de las maravillas del amor, que es aprender a reconocer lo que somos, serán los que despierten al conocimiento de la razón de la vida.

A ustedes, doy las gracias porque sé que estoy dejando una semilla que en el momento preciso germinará, brotando la flor del amor con el color de la verdad, prodigando una lluvia de aceites que regarán la esencia de la vida en cada corazón. Que el amor sea una realidad en palabras y acciones en el jardín de cada corazón.

Gracias a la vida. Contribuir a dejar el mundo mejor de lo que lo hemos encontrado, es el mejor regalo.

Despertar la magia interna y dejar que el inconsciente viva en armonía con el inconsciente colectivo, permitiendo entrar en equilibrio con nosotros mismos y con la vida en el Universo.

Si te conoces propagarás una vida exitosa en la que cada minuto construirás tu presente próspero.

Conociendo tus fortalezas y oportunidades en la vida tendrá un camino asegurado al éxito continuo; no deje en manos de otros lo que le pertenece por derecho propio; el conocimiento del secreto no es exclusivo, puedes ser partícipe de él, está en ti y solo te corresponde despertarlo y potenciarlo al máximo; siéntete exitoso a cada instante, próspero, saludable y con un entorno armónico.

La vida está esperándote para revelarte lo que aún no has podido entender, despierta y vibra en armonía total.

Libérese del miedo y sea feliz

Ser feliz es muy sencillo, es solo aprender a vivir desde el interior de cada uno de nosotros y dejar que todas las maravillas que nos fueron dadas broten para hacernos fuertes y llenos de vida, como un torrente lleno de energía y lograr ser libres y perseguir nuestros sueños.

Hoy la humanidad vive con pánico, con miedos que paralizan y adormecen la realidad interna de nuestra capacidad de amar. Esto se debe a que hemos aprendido de afuera hacia adentro; nos maravillamos por el carro nuevo del vecino y ansiamos uno igual, pero no nos maravillamos con la sonrisa de un niño, ni con las pláticas de nuestros ancianos que tanta sabiduría tienen; desaprovechamos el sentir de nuestro interior y pasamos a vivir por las referencias de lo exterior, dejando de amar, seguimos estereotipos prefabricados de felicidad, cuando las maravillas de la felicidad están en nuestro interior, todas las fortalezas para vivir están en cada uno de nosotros, ese manantial incalculable que nos fue dado para lograr todo lo que queremos. Hemos castrado nuestra creatividad y solo nos atrevemos a decir "así es la vida"; eso es negar que somos la Creación perfecta y que estamos hechos del material más fino y potente de energía que recorre cada una de nuestras células.

¿Por qué buscar la felicidad en otros si está dentro de cada uno de nosotros?, ¿por qué negar el poder concedido para ser exitosos como seres humanos?, ¿por qué vivir con las referencias de otros? Quizás porque el entorno me lo impone; no, ya es hora de descubrir las fortalezas que hay tatuadas en nuestro interior, para así vivir con nuestro sentir y dejar que aflore nuestra intuición, para que seamos nosotros mismos, libres de la contaminación del miedo, la inseguridad, los odios, las ansiedades, los rencores y otros sentimientos negativos que nos alejan de la realidad interna de nuestro ser; ese ser maravilloso: tú.

Solo cuando aprendamos a vivir y a dejar que nuestro sentir nos guíe, podremos comprender que el éxito está en nosotros, que para ser felices solo se necesita disfrutar lo que somos, no lo que tienen los demás.

Hoy maravíllate de tu creación y da gracias por tu existencia. Será la manera de sentir que el mundo es bello y perfecto; deja de lamentarte y ocúpate de vivir y valorar lo que tienes.

Aprendamos a descubrir que en nuestro interior hay infinidad de riquezas; si las exteriorizáramos, lo más seguro es que seríamos felices, menos inseguros y más plenos. Gozaríamos de la realidad de nuestro entorno, nos maravillaríamos con el canto de un pájaro, sentiríamos el caer de una hoja, porque despertaríamos el espíritu del amor desde el centro de nuestra esencia y sonreiríamos a cada instante con amor, no participaríamos de las emociones de los demás y dejaríamos que todo fluyera, dejándonos ser libres para ser felices.

Solo cuando nos permitimos sentir la vida desde el interior, será cuando nos regalaremos la dicha de ser felices, porque a eso vinimos a este mundo, a ser felices siendo nosotros mismos y eso es muy fácil, es solo maravillarnos de lo que somos y tenemos, vivir felices porque tenemos dos ojos, no importa el color, es solo descubrir que ellos miran y se recrean con todo lo creado, es dejarlos que funcionen desde el corazón; maravíllese y dance con alegría porque todo es perfecto; si, la imperfección está en el ser humano, en la forma en que miras, pero hoy vas aprender a ser feliz; así que sigue cada día descubriendo tus fortalezas y convéncete de que te faltaran días para contarlas, porque será allí cuando descubras que vales más de lo que pesas; será allí cuando serás libre de miedos y ansiedades.

Vive, siente y crea, esta es la pirámide del éxito, sé tú mismo(a).

CUÉNTAME UN CUENTO

Qué bello es sentir la alegría del amor de un pequeño, de ese amor puro que sale de su corazón y que con solo vivirlo se siente la pureza de su alma; esto me recuerda que ser niño es un regalo para disfrutarlo. El solo escuchar de sus labios, "cuéntame un cuento", mi corazón se alinea a su edad, a su sentir y a todo aquello que me hace recordar mi infancia.

Este es un relato de la vida de una pequeña que me ha enseñado que ser pequeño es una gota de rocío que refresca el alma en la inmensidad de la existencia; que vivir un minuto a la vez es más reconfortante que hacer planes para un futuro incierto, me enseña a vivir un presente pleno sin estereotipos prefabricados, que con solo ver su carita de ángel y esa falta de dientes en su boca, mis lágrimas recorren mi cara, haciéndome sentir que la pureza del sentimiento de un pequeño es vivir solo el presente y olvidarlo al instante, porque ya es parte de un pasado; son grandes sus enseñanzas, porque su sentir lo disfrutamos solo aquellos que vibramos y nos alineamos con sus juegos, queriéndonos imitar, porque nos creen libres para hacer lo que queremos, pero lo que no saben es que nuestra libertad es un paradigma en extinción y que solo ellos saben lo que es vivir sin ataduras; aman con libertad y disfrutan de su vida a plenitud, aman a la familia sin esperar nada, ellos solo saben amar porque su corazón es limpio y bello. No conocen la indiferencia y menos de envidias; los amigos son todos aquellos que pasan cada día por su lado dejándole vivencias que le engrandecen y no hacen diferencia de color y menos de dinero.

Mi pequeña gigante, que es parte de esta historia de amor, deja a cada instante una estela de pureza en mi alma.

Iba hacia la escuela de la mano de su madre; era el día antes de la Navidad, la cual esperaba con entusiasmo, ya que sabía de los juguetes que iba a recibir; brincaba de emoción al sentir caer la nieve, sus ojos grandes iluminaban el entorno, dejándolo lleno de color esperanza y con sus manos jugaba a recoger las motas de nieve que rodaban por su carita; al mirar hacia un grupo de compañeros se emocionó al ver a su profesora de primer grado, aquella señora que le había enseñado sus primeras letras y esos cantos que le inspiraron siempre a ser un ser exquisito; pero lo que no entendía era porque estaba allí, si se había despedido de ellos para irse a otra escuela; la niña siguió jugando, feliz y acercándose cada vez más al grupo; su madre saludó a la profesora y pudo comprobar que no podía caminar y que no volvería hacerlo; se movilizaba en silla de ruedas: fue cuando mi pequeña gigante comprendió lo que observaba, se aferró a su madre, empezó a sollozar; entonces la profesora, que le conocía bien, se acercó, la abrazó y le susurró, ¿cómo estás? Ella, entre lágrimas, le contesto: "Feliz" y la abrazó.

Pero aquella niña grata y con un corazón grande no pudo contener el impulso de sacar de su maleta la manzana que su madre le había guardado para su almuerzo y se la entregó. Ese gesto de desprendimiento, gratitud y amor desinteresado conmovió a la profesora, que le puso en su cabecita una rosa que llevaba en su traje y le dio un beso en la mejilla.

La niña, distinguida por ser bondadosa y por practicar las enseñanzas de su hogar, abrazó de nuevo a su antigua profesora y con un gesto de pureza le puso en sus manos el único regalo de Navidad que poseía: *Mini*, su muñeco de peluche. Era su juguete preferido, el que siempre la acompañaba y que ella amaba, pero para ella era más importante dar lo mejor que tenía, porque era su sentir: dar y disfrutar las mieles de la felicidad que le hacían ser quien era, un ser único, porque no conocía de fronteras en el amor.

Qué maravilla conocer historias que engrandecen el alma e invitan a seguir su ejemplo de amor sin esperar nada a cambio. Este es un regalo en Navidad, que nos reconforta y nos enseña a dar lo mejor de cada uno de nosotros.

Vivir siendo niños es vivir felices en un presente con color a esperanza.

CREANDO SU REALIDAD

Mariana paseaba por la ciudad de hierro y veía a cientos de personas reír y gritar en cada atracción; unos, en los carros chocones, mostraban la alegría de poder conducir sin que los otros los chocaran, mientras otros gozaban buscando cómo chocarlos; esto hacía de la noche algo mágico y maravilloso.

Cuando Mariana llegó a ver al tren cargado de niños disfrutando de la magia de sentirse pasajeros de la vida, apareció un payaso haciéndoles gracias con su cara pintada y llena de color; además tomaba fotos y se las ofrecía como recuerdos de esa noche iluminada por estrellas.

Cada uno sonreía y le ofrecía la mejor de las sonrisas; dejaban plasmada su alegría en el papel mágico del fotógrafo, donde se observaba una nube de fantasía y felicidad contagiosa. En una de esas fotografías había una niña en silla de ruedas riendo a carcajadas, gozaba con solo ser ella misma y nada parecía importarle. En la inmensidad de su mirada estaba un mundo mágico y lleno de matices que le hacían vibrar como un ser único e irrepetible.

Cuando me recreaba con esta foto, recordé aquellos días de mi infancia en los que la vida la disfrutaba a plenitud, no había barreras ni miedos; solo los miedos de mi entorno que iban volviéndome más vulnerable y frágil; así fui olvidándome de la magia de ser una niña llena de ilusiones, para la que las muñecas eran mi realidad, donde podía jugar a ser mamá y sentirme grande como ella y el resto de la sociedad; no conocía de mentiras y menos comprendía la realidad complicada de los adultos; mi realidad estaba llena de un sentir donde el mundo se volvía pequeño y podía volar sin tener alas, soñar sin estar dormida y mis fantasías eran mi realidad; una realidad relevante para una niña de tan corta edad, pero que a mi edad actual rememoro y siento que también fue maravillosa y llena de un sentir enorme que me dejó los recuerdos más hermosos de mi familia, que me enseñó dejándome ser la persona que con errores, virtudes, magia, principios y mucho amor, logrará vivir a plenitud.

La mirada de aquella niña me enseñaba su perplejidad ante las maravillas de la tecnología. Tenía en sus manos un videojuego que gozaba, pero sobre todo por sentirse libre para seguir siendo un ser que aporta la belleza de su alma y dejar un halo de energía, que con su corta edad transmite sin pensarlo, solo siente y disfruta de ser quien es.

Si recordamos aquella frase de Jesús: "Dejad que los niños vengan a mí", nos maravillamos al sentir que la realidad de ser niños es la magia del amor encarnado en estos seres que aún no están contaminados por una sociedad que ha perdido la alegría de vivir; sus vidas son el futuro de la humanidad, es lo que siempre se dice, pero no nos maravillamos con sus sonrisas que brotan sin malicia. Hemos perdido el sentir de sus corazones libres, sin manchas del exterior, que han estropeado nuestro presente y que hemos aceptado al decir, "así es la vida"; la vida es como la queramos sentir y los niños no lo siguen demostrando. Si nos volviéramos más humanos y menos mecanizados, seríamos más felices y viviríamos llenos de energía, gozaríamos de salud, no le prestaríamos tanta atención a la enfermedad y seríamos más saludables. Ser saludables física y mentalmente, y libres como el viento.

Ser niños es crear nuestra realidad desde nuestro interior y no como lo dicte la sociedad, que solo ha creado caos donde reina el desamor, la indiferencia, el odio a sí mismo y por los demás, y donde el perdón no tiene cabida; los niños pelean y al rato se contentan, no saben guardar rencores; somos los adultos los que les enseñamos a crear negatividad; no les permitimos ser siempre libres como el viento, en una sociedad donde no existe el respeto por ellos, sino el adulto lleno de fobias y tristezas, donde la alegría se ha desvanecido, así como se nos va la dicha de sentir que vivir es la mejor opción de disfrutar cada día a plenitud, donde el Sol embelesa con su energía, y al atardecer, la Luna con su figura descomunal enriquece nuestro espíritu creativo, dejándonos extasiados del amor puro universal, el cual solo existe en cada célula del universo. Somos parte de este universo perfecto que nos engalana al dejarnos al descubierto todas sus maravillas.

La niñez es el estado más hermoso que tiene cada ser humano y que debemos recuperar para volver aprender a maravillarnos con cada acontecimiento, por pequeño que sea, dejar que la risa brote como un manantial de nuestros labios y así el Universo se maraville y nos regale todo el potencial que solo existe en cada rincón de él y que nos pertenece a todos.

Crear nuestra realidad es fácil, los niños nos lo enseñan con su delicada sonrisa, con sus palabras llenas de encanto y magia; pero su mirada pura y llena de amor nos recuerda que hemos perdido la magia de la vida y que debemos recuperarla.

Regalarnos el instante de entrar a este mundo mágico y regocijarnos con sus maravillosas fantasías llenas de estremecedores historias donde existe la felicidad de ser un ser humano único y perfecto, es volver a crear una vida sin apegos y menos con sentimientos erróneos; es vivir sin pretender controlar cada emoción, es fluir con lo que la vida nos regala, sin ponerle etiqueta alguna.

Hoy que te estás dando la oportunidad de gozar la vida tal como es, empieza a crear los espacios necesarios para los éxitos personal y profesional, generar una vida llena de infinita sabiduría para dejarla presentarse con auténtica realidad, sin querer manipularla para nuestro resultado.

PIENSE Y VIVA CON EXCELENCIA

Nuestra cultura Occidental nos ha enseñado a depender de cosas externas para ser felices. Nos ha generado una realidad distorsionada, diferente de la que en estos momentos nos vislumbra la vida del siglo XXI; desde que tenemos conciencia y asumimos la dualidad como parte de nuestra cultura, entendemos que lo negro es opuesto de blanco, que lo feo existe porque la belleza está estructurada según parámetros creados, que hombre es lo opuesto de mujer y así muchos conceptos de este calibre empezamos a manejar en nuestra vida cotidiana. De esta manera creamos rivalidades y no complementos, no dejamos que la vida misma exista en todo su esplendor, solo cuestionamos para dividir y generar más caos en un mundo que se nos escapa de la vida misma, en el que se ha roto la conexión entre nosotros y nuestro Creador, hemos olvidado que estamos sincronizados de tal manera y en tal perfección con el inconsciente colectivo, que si empezamos a vivir desde nuestro ser y desarrollamos pensamientos más centrados en nosotros, volveremos a vivir a partir de la Unidad y no de la separación. Donde la individualidad sea más un complemento del todo y no seres aislados creando desigualdad, donde los sentimientos negativos reinen la vida de los seres humanos.

Como dice el Dr. Wayne Dyer, "Cambie sus pensamientos, cambie su vida". Suena sencillo, pero es verdad que la vida es sencilla, Somos nosotros los que la hemos vuelto pesada y sin ganas de vivirla.

Nuestros pensamientos han hecho de nosotros lo que sabemos que somos; muchos no saben ni entienden quiénes son, han vivido limitados por las paredes de su propio cuerpo físico, dando credibilidad solo a lo que en apariencia se cree que es la realidad, una apariencia que nos ha apartado del verdadero camino hacia la excelencia como seres humanos.

Ser excelentes no es complejo, es solo crear a partir de un conocimiento que nos genere una experiencia, la cual por repetición la convertimos en hábito. Aprender hábitos de conductas saludables, llenos de amor, de respeto por todo y por las diferencias de pensamientos, es lo que más genera división; esto será posible cuando aprendamos a vivir más en armonía con todo. Cada persona quiere imponer su realidad y nos olvidamos que cada uno tiene sus propias vivencias y realidades; la realidad es relativa y depende de cómo se le mire. Es hora de empezar aprender a convivir en armonía y que el respeto a la individualidad sea aceptar y no juzgar.

Los cambios son primordiales en la vida misma; si esto no existiera, no habría vida y nuestra realidad seria otra. Aprende a pensar positivamente cambiando todos sus paradigmas obsoletos y deje que entre nueva información a su cerebro, para que sus programas mentales hagan de ti un ser renovado con vida propia y no alejado del verdadero camino. Ahora empieza a vivir desde el vacío de tu mente, para que la limpieza mental empiece a borrar lo caduco y a colmar con una vida llena de color, de excelencia, prosperidad, salud y muchas informaciones sanas que se necesitan para hacer de ti otro ser y empezar a vivir en continuo cambio, en movimiento. Como está en tu interior, está acorde con lo que estás percibiendo como tu realidad.

Cambia de pensamientos y conviértete en un ser excelente. Créelo y vive de acuerdo con el misterio mismo de la Creación, en la que todo es perfección y somos parte de ella.

Aprende a vaciar tu mente y no etiquetes ninguna situación agradable o desagradable; acéptala como es y déjala que se disuelva como llegó, no permitas que invada tu territorio y así empezarás a dar el primer paso hacia el cambio que tanto necesitas.

EL MAGO INTRUSO

Bajaba las escaleras de mi casa, cuando de pronto llamaron a la puerta; fue para mí sorprendente, porque hacía solo un día me había trasladado de un lugar frio a este cálido y lleno de color mágico, donde las nubes invitan a la danza con el viento; nadie me conocía y menos sabían quién era yo. Pensé en algún instante si abría o dejaba de oír aquel llamado con insistencia, pero en ciertos momentos sentí un silencio infinito, lo que me produjo curiosidad por saber quién era aquella persona que quería interrumpir mi tranquilidad, ¿por qué alguien se atrevía a permear mi retiro elegido?, ¿por qué no tenía derecho a permanecer en anonimato? Pudo más la curiosidad y decidí ir hacia la puerta sin pensarlo más, pero escuché un ruido extraño a espaldas y mi cuerpo se puso rígido; un miedo invadió mi mente, generándome una parálisis instantánea. Aún no sabía qué podría estar pasando, no entendía.

Todas estas reflexiones jugaban en mi mente como un juego de ping-pong, a veces me retumbaban fuertemente, pero en otros momentos era como si la vida algo hermoso quisiera regalarme y ante tantos pensamientos discordantes, sin saber qué elegir, me encaminé hacia la puerta. Agarré el cerrojo y le di vuelta, al abrir la puerta me invadió una enorme incertidumbre, porque no había nadie, ni algo que me indicara que alguien había llamado a mi puerta, me pregunté: ¿quién sería? No había logrado ver un pequeño peluche al lado del buzón de mi casa; con cautela me dirigí hacia el muñeco, lucía nuevo, era de un blanco que me producía armonía y más luminoso que mi mente limitada. No aceptaba que existiera esa tonalidad; seguí reflexionando acerca de él y de por qué estaba ahí; pasaron los minutos y de pronto sentí un fuerte viento golpeando mi cuerpo, el Sol se opacó, oscureciéndose un poco, los pajaritos que danzaban alrededor de la vivienda se dirigieron hacia el árbol donde sus nidos les llamaban, no entendía nada, pero me quedé paralizada al ver tantos eventos en tan poco tiempo.

Transcurrieron solo unos minutos y como si hubieran pasado años, todo comenzó a florecer, los pájaros cantaban como si quisieran regalarme la mejor de las melodías del Universo, danzaban con tal armonía que me sentía bailando la magia infinita, al instante también dancé, no podía detenerme, una fuerza interna me introducía en esta magia; todo era bello, armonioso y de bellos colores, un lugar donde la magia me envolvía con su encanto; de pronto recordé que había dejado de lado el peluche que me había envuelto en su magia y comprendí que hay regalos que no se ven, porque solo pertenecen al Creador, pero que su única misión es darnos el mensaje divino de que todo es armonía y todo pasa, porque hay una ley universal que lo rige; nada es estático, todo está en movimiento como en una danza y que si bailamos al unísono entramos en armonía con el Creador y todo nos será dado.

El peluche se me perdió de vista pero di dos pasos hacia adelante y qué felicidad, mi alma se estremeció al ver un anciano vestido de blanco, estaba agachado silbando y jugueteaba con una bola de caucho en sus manos, dio media vuelta hacia mí, me miró y con una sonrisa mágica, me estiró su mano y me invitó a sentarme a su lado; el miedo ya no existía, había trascendido el tiempo y el espacio, y mi ser junto a ese ser, agarrados de las manos, creamos un círculo de amor cuyo centro nos invitaba a entrar; tal era la fuerza que me atraía, que no pude detenerme, además no lo intentaría; para mí era la experiencia más hermosa que estaba sintiendo, me había olvidado de mí y seguía viviendo en éxtasis cada instante. Era el mejor regalo; por un momento el tiempo no existía, todo flotaba y donde me encontraba ya no importaba, seguía danzando hasta que dejamos de hacerlo y él volvió a dirigirse a mí. "Deja de preocuparte -me dijo- lánzate al encuentro de ti misma, aprende a ser y engalana la vida de los demás. Siempre que das de lo que tienes, recibirás más de la vida. No sufras ni te preocupes por lo que hacen los demás, cada uno que responda por sus actos, pero regala sonrisas donde el dolor está anclado, deja que fluya y sigue tu camino. Ama sin esperar nada, porque solo quien entrega su vida por los demás con todo su amor, será digno de llamarse hijo de Dios. Sé fiel a tus amigos sin pretender cambiarlos y menos crearles sus caminos, porque los de ellos no son los mismos tuyos. El norte no es igual para ti, ni el sur es lo mismo para tus amigos, todo es relativo, depende de cómo quieras caminar; deja que las leyes del Universo fluyan cada día de tu vida. Solo sé lo que tú quieres ser, sin preocuparte del mañana, ya que cada instante, por pequeño que parezca, es la piedra que construye tu futuro. Vive con intensidad este regalo que has recibido y llévalo cada día en tus pertenencias, no lo olvides, eres la mejor Creación de Dios, eres un muñeco de peluche, disfrútalo y regálalo a aquel que tú creas que está necesitando la magia del amor".

Abrí los ojos, me sentía flotando y mi cuerpo aún estaba en el mismo lugar; recorrí el espacio de mi yarda, giré hacia todos lados para ver si encontraba aquel anciano que me había transformado la vida en tan poco tiempo, pero no había nadie, todo estaba en su lugar, así, que me pregunté si estaba sonando, pero no había sido así, porque al entrar a mi casa encontré al lado de mi escalera un sobre, lo tomé en mis manos y aunque no dejaba de sorprenderme, decidí abrirlo. Allí estaba la foto de mi hermano, aquel que hacia algunos años había fallecido y por cosas que aún me duelen no pude asistir a su funeral; aquel hermano que dejé de ver durante 15 años y que se fue sin decirme adiós, ahora había regresado para dejarme el mejor de los regalos, una carta con solo tres palabras, "Nunca te olvidaré".

Ahora comprendo que la vida es mágica y que estamos recibiendo regalos hermosos que generan felicidad, y que todo está en nuestra realidad interior. Extasiada por lo vivido, me dirigí a la sala, me recosté a seguir soñando. Hoy he encontrado el valor de cada instante, la voz de mis seres amados son una nota de amor en mi corazón, vivo como si flotara, porque todo es una melodía de paz.

EL CAMINO ENCANTADO

Iba camino a su trabajo, pensativo y un poco molesto por el día tan complicado que había tenido en el hospital, donde pasaba más de 12 horas, y aunque era un médico exitoso, dedicado a su trabajo y con todo a su favor, la vida se le iba segundo a segundo, no se sentía feliz.

Carlos, cuando tenía 16 años había soñado con ser escritor y muchas noches la había pasado escribiendo notas acerca de la vida.

Reflexionaba y cuestionaba por qué a su edad no podía realizar lo que quería; había sido un soñador empedernido y estaba seguro de que todo era posible si se lo proponía; pero, lo que él no imaginó es que con el paso del tiempo la vida lo cambiaría sin atreverse a seguir sus sueños; simplemente la vida lo fue moldeando a tal manera que sus sueños pasaron al cofre del olvido.

Se graduó de médico en la mejor universidad de Estados Unidos, tuvo las mejores calificaciones; había sido un excelente estudiante, por lo menos muy consagrado para ser el mejor; todo lo que se proponía en su vida adulta lo conseguía. Era un hombre con deseos profundos de progreso, tenía determinación para ejecutar lo que creía mejor para él y poseía una disciplina de militar.

Todo para él sucedía de forma excelente, según parámetros de la sociedad o su entorno; había entrado al grupo de los insatisfechos, por perseguir los sueños que le fabricaron sus padres y los que la sociedad le impuso como lo mejor para tener un futuro prometedor, que supuestamente le darían una vida feliz y segura para pertenecer a una sociedad donde el dinero y la posición eran lo más relevante.

Recién graduado se instaló con un compañero de universidad en la ciudad de Bogotá, donde alquilaron un consultorio para empezar su vida profesional; todo comenzó como lo esperaba. Fue llegando a su vida dinero y posición elevándolo a un lugar privilegiado dentro de la sociedad capitalina.

Su vida profesional lo colmaba de reconocimientos por parte de sus pacientes, a quienes atendía con mucho compromiso profesional y humano; para eso llevaba en su alma un don que lo compartía con todos aquellos que se acercaban a su consultorio a recibir alguna prescripción para sus dolencias; pero lo que más lo satisfacía era ayudarles con el dolor que llevaban en sus almas.

De esa manera conoció a su esposa, Rebeca; ella llegó un día a su consultorio a causa de un dolor agudo en el pecho y desde ese momento hubo una atracción; sus miradas los enamoraron a primera vista; ella en realidad tenía un dolor por la pérdida de su madre, a quien había amado tanto y por un accidente automovilístico la había perdido para siempre; no podía comprenderlo y menos aceptarlo, y por eso sentía que su corazón le pesaba, como si quisiera salírsele para siempre. De este acontecimiento pasaron a ser buenos amigos y crearon la mejor sociedad conyugal, se convirtieron en los mejores amigos y confidentes; pasaban horas charlando y compartiendo juntos todos los logros alcanzados por cada uno. Era una pareja feliz.

Llevaban solo seis meses de casados cuando su amada murió de un cáncer que no le descubrieron a tiempo y se le propagó fulminantemente, dejándolo solo para siempre. Esto jamás lo pudo superar y pasaba horas preguntándose por qué no sentía satisfacción en su vida, vivía por vivir, pero no le encontraba sentido a la vida.

Ese día caminó hacia su casa, encontró en la calle a un anciano que iba solo y cojeando y se agarraba de su bastón con mucha dificultad; él lo observaba desde lejos, se le fue acercando hasta que lo alcanzó y lo saludó.

—Buenas noches, querido señor, le dijo el amable anciano.

—Buenas noches. ¿Qué hace a estas horas de la noche solo en la calle?

—No estoy solo, voy caminando con usted, además esta calle es también mi casa.

–Pero yo siempre paso por este mismo camino y no lo había visto.

–Yo sí lo conozco y usted ha pasado por mi lado todo el tiempo, pero nunca me ha mirado. Eso no importa, el presente es lo único importante.

–¿Hacia dónde se dirige?

–Voy a la puerta del cielo, a donde todos llegaremos para abrirla. Estoy aquí para entregarte la llave del cielo, te esperaba desde hace tiempo y aunque muchas veces pasaste y no te distes cuenta de mi presencia, hoy ha sido el día glorioso de nuestro encuentro. Ven siéntate conmigo en esa banca y deja que te cuente algo.

El médico, embelesado con la plática del anciano e intrigado por todo lo que le decía siguió, tras él.

Se sentaron y prosiguió la charla: "Mira, Carlos, esta noche las estrellas iluminan nuestro camino, guían nuestras esperanzas y nos dejan las huellas del mañana.

No te olvides de vivir este momento a plenitud, has corrido persiguiendo los sueños de otros y has dejado de ser el hombre creativo de hace ciertos años, tu vida ha tenido todos los matices de dolor y alegría; pero en el fondo no has sabido manejarlos y han embriagado tu vida de tristeza y dejado un vacío enorme en tu corazón.

No sufras por su partida, ella solo tenía que venir a pintar el óleo de tu vida por un momento y debía partir para que así tú pudieras terminar la obra

Ahora, querido amigo, dijo el anciano, ya es tarde y debes seguir tu camino para mañana ir de regreso a tu oficina. Puedo encontrarte mañana en este mismo lugar, te lo prometo, ya sabes que la calle es mi hogar.

Carlos, bastante confuso por todos los mensajes, solo atinó a decirle que se verían al otro día; no hubo más palabras y cada uno siguió su camino.

Al otro día Carlos llegó al hospital cansado, confundido por ese anciano que se le había atravesado en su camino a decirle aquellas cosas, pero de todas maneras estaba contento e irradiaba cierta alegría en sus ojos.

Saludaba a todo aquel que se le atravesaba por los pasillos del hospital, hasta que llegó a su consultorio y su secretaria le entregó el correo.

Sentado en la silla encontró un paquete que le llamó la atención. Su envoltura era hermosa, lucía elegante y en una esquina tenía una estrella dorada; la acariciaba con emoción, pero no entendía, quiso buscar el remitente pero no tenía sello alguno, lo que lo intrigaba más. Salió de su oficina para preguntarle a su secretaria, pero lo dudó y regresó; algo le decía que eso era solo entre él y el remitente. Lo guardó por instantes mientras seguía revisando el correo del hospital, el cual era de suma urgencia.

Volvió a tomar ese sobre tan especial y se paró de su silla, caminó hasta la ventana, como queriendo ver a través de ella a aquel ser que le había dejado ese sobre; comenzó a abrirlo y dentro había una tarjeta con una carta, las extrajo y en ella solo encontró mensajes de paz, amor y muchos puntos suspensivos. Lo que no veía era que en realidad dentro de ella había algo más que palabras: era un mensaje más hermoso, y el solo podía descubrirlo con el paso del tiempo; esto era no más el comienzo.

Confundido pero con cierta paz, recordó a aquel anciano que se encontró la noche anterior; quería comprobar si había sido él quien le remitió ese sobre que aún no entendía; así que dejó de lado sus elucubraciones y se entregó a su trabajo como siempre lo hacía, con mucho amor y respeto por el ser humano que estaba bajo su responsabilidad; él era un ser excelente del hospital, así le llamaban los demás.

Cuando llegó la hora de salir de su oficina, emocionado se cambió de ropa y se puso cómodo para irse caminando hacia su hogar. Iba caminando como de costumbre, pero no encontró al anciano; se preguntaba si fue real lo vivido la noche anterior o había sido alguna broma que él no entendía. Desilusionado, siguió hacia su destino.

Transcurrieron varias semanas y su vida volvió a la rutina normal; entre conferencias, operaciones y visitas médicas había pasado los últimos días; él no comprendía si esto lo hacía por estar ocupado o en realidad era feliz haciendo todo lo que hacía; siempre se preguntaba por qué se sucedía los días sin sabor para él, en los que aparentaba tener una vida tranquila y satisfactoria, pero en realidad no era así.

Cuando decidió salir, se puso cómodo otra vez y emprendió su caminata nocturna, aquella que le permitía hacer un poco de ejercicio para sentirse bien físicamente, pero lo que no intuía era que en el camino se encontraría con un joven que le regalaría una sonrisa al tropezar con él.

Empezó su caminata, pero cuando llevaba recorrido una milla, vio a un joven en la esquina sentado en una silla; él iba acercándose a donde estaba aquel joven y de pronto oyó gritos de dolor, corrió para ver si le había sucedido algo horrible, porque el grito fue tan agudo que parecía que una bala lo había atravesado. El joven yacía en el suelo y sin vida; Carlos se levantó y miró hacia todos lados, pero la oscuridad de la zona no permitía ver a otros, así que tomó su teléfono y llamó a la policía e informó de lo sucedido. Le tomaron su declaración, pero como no había sospechas de asesinato cometido por el médico, le dejaron ir; el joven había sufrido un ataque al corazón y su vida había perdido la batalla en segundos.

Ya en su casa recibió una llamada que lo intranquilizó. Era la policía que le informaba que por favor fuera a la estación, porque se le requería urgentemente, algo inesperado había sucedido.

En la estación le dijeron que en el bolsillo del joven encontraron una carta dirigida a él, así que necesitaban que la abriera y para descifrar su trágica muerte; la recibió con un sentimiento que no entendía, todas las miradas estaban clavadas en ese sobre.

Lo abrió y solo encontró una tarjeta con un alfiler en la que estaban fijados tres pequeños papeles doblados que contenían palabras de amor.

"Confía en tu sentir y no des cabida a una vida sin sentido, genera una vida llena de calidad y entrega a ti mismo. Por años has dado todo por otros y te has perdido en esa inmensidad, la nube de la tristeza siempre ha estado presente en tu vida y la has asumido como si la vida fuera así; despierta y sigue el camino de la realización personal y profesional.

"El propósito de tu vida lo dejaste en el baúl de los recuerdos; aquella luz de inspiración que siempre te acompañó en tu adolescencia la refundiste para darle cabida a una vida cruel contigo mismo; dejaste que te crearan tu propia realidad y nunca retomaste tu vida de sueños; es por eso que hoy será el comienzo de una nueva vida. No te pierdas la magia de la vida, viviendo según conceptos preestablecidos por otros y menos dejes que tu vida sea controlada sin sentido.

"¿Recuerdas a aquel anciano que te encontraste en el camino aquél día? Bueno, fue tu padre que vino ayudarte a despertar, pero tú seguías persistiendo en tu desorden espiritual, sin hacer de tu vida lo mejor. Recuerda siempre que debes ser el mejor en tu misión de vida, sé el escritor que siempre quisiste ser, deja plasmadas de magia hojas tras hojas, en las que con tu pluma regales esperanza y amor a otros. Hoy fui enviado para que puedas despertar, es una nueva oportunidad que espero comprendas; esa es la vida, siempre da oportunidades, pero tú debes estar preparado a recibirlas, no abuses y sigue construyendo tu camino hacia la cima de una vida plena.

"Permítete vivir asombrándote de todo y no te momifiques como tumba egipcia; esa vida que has llevado por siempre ha paralizado tu alma, despierta y llénala de luz.

"Vive sintiendo con pasión todo lo que hagas y escucha con el alma lo que el Universo te dice; observa con interés todos los mensajes que a cada instante estás recibiendo y no manches tu presente con tristezas y amarguras.

"Tampoco vivas sólo para el trabajo, estás consumiéndote como una estrella; transfórmate de oruga a mariposa y vuela hacia la realización personal para que el éxito en tu vida profesional se haga físico en un abrir y cerrar de ojos".

El médico, perplejo por el mensaje, no podía asimilar tan pronto tanto; no estaba preparado para recibir estos mensajes tan, pero ya su inconsciente le había despertado de su inconsciencia y le estaba dando otra oportunidad.

En los años siguientes empezó a escribir historias sobre los casos de pacientes que había atendido y que le había marcado su existencia.

Su vida se transformó y publicó tres libros de relatos acerca de la vida y la muerte; se convirtió en un hombre de éxito y su vida sentimental tomó otro giro, encontró el amor que lo llenó de hijos.

Aprendió a vivir desde la conciencia de ser parte del todo y de todos; no alteraba nada y de todo gozaba como un niño. Fue el mejor regalo a la vida.

Un cambio de actitud hacia sí mismo creó un hombre con una mentalidad de ganado; crear y vivir su misión de vida le llevó a un mundo mágico.

SINCRONICIDAD

Abro mis ojos hacia el infinito, veo un camino lleno de flores hermosas y de pronto se posa en mi hombro un pajarito. Sus paticas son tan livianas que temo moverme, pero disfruto de su presencia; él me canta, es una sinfonía tan perfecta que mis oídos se quedan perplejos por la perfección de las notas; es un canto a la vida divina.

Este concierto de amor divino me regocija, pero de pronto parte y veo que salta a otro lado, me quedo mirándolo, sigue su camino y en cada aleteo sus movimientos son tan perfectos que se va disfrutando de su viaje.

Se pierde ante mis ojos, pero luego escucho un aleteo a mis espaldas, no veo uno, son muchos, qué maravilla, van en un zigzag armónico dejando un camino de luz a mi sentir; aquella luz que necesitaba para mi inspiración de vida.

Ha sido el mejor regalo de la mañana, por lo que puedo decir que:

- Bello es mirar la naturaleza con amor.
- Bello es sentir la vida llena de perfección divina.
- Bello es dejar que la divinidad se manifieste en todo momento.
- Bello es sentir que eres parte del Universo.
- Bello es disfrutar de la sincronicidad.
- Bello es dejar permear la vida de infinita sabiduría.
- Bello es permitir que cada acontecimiento del día se llene de profunda armonía.
- Bello es vivir a plenitud cada paso que se da.
- Bello es sentir la bondad de la Creación posar su mano amorosa en el corazón de cada uno de nosotros.
- Bello es todo aquello que vivo y tengo en mi haber.

Gracias por todo lo que soy y tengo.

Hoy seré un ser digno de ser parte de la naturaleza; así como necesito del aire al inhalar, mis suspiros parten hacia otros para llenar sus pulmones y crear las redes de sincronicidad a cada instante. Estos seres de luz que diseñaron y colorearon los cielos con armonía son parte de mi vida y del todo, en el que se encierra la verdadera esencia de lo que somos.

Todo está para diseñar la mejor obra, despierte su sentir y plasme su creación en el camino de la vida.

Despierta tu inconsciente y deja que él te hable, te conecte con la sabiduría del inconsciente colectivo para que comprendas la grandeza que vive en ti.

Cada mañana medita 15 minutos y deja que tu vida se llene de paz, gratitud por su vida y todo lo que posee como ser humano en este concierto de armonía que el Universo le entrega a cada segundo.

Sonríe con pasión y ternura, libre de ataduras y lleno de armonía.

EL MILAGRO DE UNA SONRISA

Era una niña de cinco años a la que le decían Lulú y llevaba en su rostro las marcas del dolor y abuso. Vivía debajo de un puente con su madre, si es que se le podía llamar vivir, pero tenía algo particular: todos querían estar a su lado, porque siempre estaba sonriente. Su madre, Claudia, una joven de 18 años, parecía un cadáver por el consumo de drogas.

En el día permanecían en una esquina de una tienda famosa, pidiendo dinero; pero a Lulú le gustaba limpiar los parabrisas de los carros para ganar algo de dinero; aunque sus brazos cortos no le alcanzaban para desarrollar esa actividad, los conductores y transeúntes le sonreían por su proeza y actitud, regalándole muchas veces algo más de dinero.

Ya habían pasado cuatro años desde que Lulú y su madre habían huido de aquel pueblo donde la pobreza era lo único que les acompañaba, donde dormían en una casucha con el padre de Lulú que nunca les proveía dinero, solo golpizas que las obligó a huir de su lado para nunca más volver.

La familia vivía en una ciudad cercana, pero no podían acercarse a ella porque ese hombre las tenía amenazadas, así que se alejaron y nunca más volvieron a saber de ellos. Un día, Claudia decidió huir sin decir nada a nadie, por miedo a los efectos que la decisión pudiera tener con su familia. Sin dinero y sin conocer a nadie en la gran ciudad, terminaron viviendo bajo el puente y para evadir la realidad se fue entregando a las drogas. Solo su niña la cuidaba y la consentía, pero no podía sacarla de su adicción.

Esa niña de sonrisa angelical se había convertido en el centro de atención de esa esquina; amable con todos, atenta y diligente con quien necesitara de ella. Ya tenía nueve años y se había acostumbrado a pedir o a realizar las tareas que le pedían en las tiendas cercanas; con lo poco que ganaba ayudaba a su madre, que casi siempre terminaba gastándoselo en su vicio con el marido que había conseguido; Lulú se había convertido en el sostén de los tres, incluso de la adicción de ellos dos.

La familia de Claudia las localizó y una noche fue a buscarlas, pero la tristeza les invadió cuando vieron el cuadro de horror frente a sus ojos, dos seres convertidos en miseria humana, ojos desorbitados y con la mirada perdida, acompañados de una niña hermosa que les miró con recelo, porque eran personas que no conocía. Ella había querido olvidar su pasado y ellos fueron los más afectados.

"Hola, Lulú", le dijeron y ella sorprendida que supieran cómo se llamaba, les preguntó quiénes eran; le contestaron: "Tus abuelos". Ella reaccionó: "No, no tengo familia, mi madre siempre me dijo que estábamos solas". Quisieron acercársele, pero ella, desconfiada, empezó a llorar. Claudia decía algo que sus padres no entendían, mientras su madre lloraba al ver a su hija en ese estado. "¡Claudia!", la llamaron, ella los miró, pero siguió como si estuviera sola en esa oscuridad; ante la agresividad de su mirada, no se atrevieron a acercarse más y decidieron seguir allí hasta que pudieran hablar con ella.

Llegó la mañana, estaban cansados pero con la esperanza de poder llevarse de regreso a la hija y a la nieta, pero una sorpresa amarga fue su respuesta contundente: "No, déjenme aquí con mi hija", les dijo y "Váyanse, no me busquen más". Con amargura aceptaron su petición, pero en su interior como padres sabían que iban hacer algo al respecto. Hablaron en familia y decidieron, al menos, rescatar a la niña; regresaron a donde Claudia y le propusieron que les entregara la niña para enviarla a la escuela. Claudia ese día estaba más fresca y comprendió; aceptó, pero con la condición de que pudiera verla, era lo único que sentía que era sagrado; de esta manera fueron permeándola.

A la cuarta semana de tener a Lulú, los padres lograron arrendarle una habitación para que ella viviera con su niña; deseaban recuperarla y ponerla en tratamiento.

La familia logró que aceptara internarse en un centro de desintoxicación, pero para tristeza de ellos se escapó y volvió a la calle. Lulú se quedó con sus abuelos pero extrañaba a su mamá.

Al cabo de tres años, Claudia vivía con Juan, un joven que había conocido en el Instituto de desintoxicación. Él estaba más recuperado que ella y seguía en el programa para no recaer; limpiaba carros en un parqueadero y ella volvía y recaía en el consumo de drogas; él se preocupaba mucho al verla que no deseaba recuperarse, pero la amaba y quería ayudarla para que volviera a tener a su hija. Llamó a la familia y decidieron que le iban a colaborar de nuevo y que si lograban lo que esperaban, les regalarían una casa para los tres.

Juan se empeñaba en no darle oportunidad de que recayera y le llevaba cosas que le regalaban para que ella tuviera la mente ocupada, él permanecía el mayor tiempo posible a su lado, dándole rienda suelta a la creatividad; así descubrió la agilidad que tenía para desarrollar prendas bonitas con botones, telas o ropa usadas que ella arreglaba a mano y dejaba muy presentables; de esta manera Claudia estaba cambiando y se sentía emocionada al ver cómo todo a su alrededor era más bonito y su mirada era cada vez más fresca. Sus padres una tarde decidieron ir a visitarlos con Lulú y le llevaban una sorpresa para fortalecerla y ayudarla a seguir cultivando ese don que estaba desarrollando; al arribar encontraron un lugar más agradable, con olor a limpio y ella lucí-a más radiante, lo que les produjo mucha alegría al constatar la verdad.

Lulú, como siempre, era su adoración pero sabía que estaba mejor con sus abuelos, y adelantando en sus estudios, además, le gustaba mucho vender cosas, por eso le ayudaban para que a la tienda del colegio llevara alimentos que cocían en casa para la venta, con la respetiva autorización de la directora.

"Hija, le dijo su madre, entre tu padre y Lulú te han comprado una máquina de coser. Es su regalo de cumpleaños. El mío son estas telas, hilos y muchos accesorios que hay en la bolsa, que te ayudarán en tus costuras. Queremos ayudarte a que sigas construyendo tu vida". Claudia, emocionada, los abrazó. Los padres tenía mucho tiempo que no sentían el abrazo de su hija y se emocionaron.

Esperaron a Juan, porque querían hablar con él. Al llegar se puso contento con esa visita tan especial, pero aún más cuando le dijeron que les tenían una casita desocupada cerca de allí, adonde querían que se pasaran a vivir con la niña, si lo deseaban. Lulú estaba de vacaciones y les parecía bueno que las pasara con ellos en la nueva casa y así se haría la transición de la niña a su hogar.

Lulú cumplió 15 años y se había convertido en una señorita. Su familia se enorgullecía de sus habilidades en el manejo del dinero; desde la ocasión en la que le permitieron vender en el colegio, se había dedicado a su negocio y ahorraba una suma considerable en su cuenta ganando intereses; se sentía segura y tenía un sueño grande con su madre: abrir una tienda de ropa como aquella de la esquina en la pasó varios años de su infancia y que ella no olvidaba, porque era el lugar donde había aprendido a ganarse la vida y en el que con su carita sucia y sus cabellos despeinados miraba por los vidrios hacia adentro de los carros, como si eso hubiera sido una visión del futuro.

Siempre que podía iba a esa tienda y se quedaba absorta viendo tantos maniquís estilizados vestidos con tal elegancia, que parecían sacados de una dimensión desconocida para ella, por supuesto; pero lo que no se imaginó nunca era que allí había sembrado la semilla de su sueño y en ese entonces no lo había reconocido, por su corta edad.

Claudia ya recuperada, entró a una escuela de diseño de modas, confeccionaba y cosía ropa para amistades, parientes y vecinos, aumentando así el dinero para sus logros. Juan en las noches se terminaba sus estudios de primaria. Toda la familia se había transformado en esos años y a cada momento se reunían para dar gracias por tantas bendiciones que recibían; era mágico y reinaba una armonía en ese hogar humilde, pero con muchas ganas de triunfar y en el que todos siempre se motivaban. Gratitud era la palabra mágica que salía de sus labios y se sentían muy afortunados de haber logrado ese avance en sus vidas y encontrarse con esas nuevas circunstancias; sobre todo estaban inmensamente agradecidos con los padres de Claudia, que no flaquearon ante tanta adversidad que reinaba, ante tantos tropezones y caídas fuertes que les partían el corazón, pero que jamás les arruinaban el deseo profundo de sacar a su hija de donde estaba y nunca se dieron por vencidos.

Al graduarse Lulú a sus 18 años, ya era una joven hermosa, dinámica y emprendedora, que lucía siempre bien y llevaba en su caminar tal elegancia que todos la miraban al pasar. Decidió ir a la tienda de la esquina famosa para solicitar trabajo y obtener experiencia. Sin embargo, su sueño era convertirse en socia de esa tienda.

Llego y todos salieron a atenderla como si fuera una estrella de cine. Su presencia transmitía admiración y respeto. Además tenía el don que con solo mirarla, todos querían servirle. Preguntó por el dueño y sin ninguna objeción lo llamaron y le avisaron de su presencia. "¿Cómo se llama? ¿Tiene cita?". "No, contestó, soy Lulú".

Su persistencia y seguridad lograron abrir la puerta de ese hombre de negocios, renuente a recibir a alguien sin cita previa.

Le saludó muy amablemente y quedó admirado ante tanta seguridad para lograr lo que se proponía. Le preguntó:

–¿A qué ha venido?

–Estoy aquí porque quiero ser socia de su tienda, le dijo enfáticamente; él, sorprendido ante esas palabras, sonrió y le contestó:

–No busco socios, está equivocada; ¿quién la envió a mi negocio?

Pero Lulú tenía su carácter y seguridad; no le dejó mucho espacio para pensar y siguió hablándole:

–¿Usted recuerda aquella niña de la esquina de hace algunos años, a la que usted le pagaba para que repartiera los volantes de algunas promociones entre los conductores de los vehículos que paraban en el semáforo?

–Oh, sí, ¿qué pasó?

–Esa soy yo, Lulú.

Él, sorprendido, no podía creerlo. Ante él estaba una mujer elegante y no podía dar crédito que de vivir en la calle hubiera pasado a ser quien tenía al frente.

–Sí señor, la vida me fue mostrando el camino a seguir y lo mejor de todo es que lo fui viviendo tal como me lo fue mostrando; sin pensarlo. El haber pasado ciertos años de mi vida en esta esquina y mirando muchas veces a través de sus vitrinas, dejaron en mí el mapa del tesoro y yo seguí las pistas. Ahora he venido porque quiero ser su socia y lograr mi sueño. El éxito es para aquellos que trabajan por sus sueños, concluyó Lulú.

Ante tanta persistencia y con admiración por esa joven, solo le ofreció un trabajo como asistente comercial, ya que necesitaba alguien que le ayudara en esa área y su intuición le decía que ella era la persona ideal. La seguridad con la que había llegado allí le había abierto las puertas al éxito empresarial, a pesar de que carecía de estudios universitarios, pero sabía que con ese trabajo adquiriría conocimientos sobre los negocios para lograr ser la dueña de su tienda.

Su visión de los negocios la llevaba en su alma y lo que se proponía lo alcanzaba, porque nada lo dejaba al azar; planeaba a tal perfección que se ganó el respeto y apoyo de los dueños de las tiendas; tenía buen carácter y don de gente; las relaciones personales eran elegantes trataba a los clientes con tal exquisitez, que se ganó un lugar de honor en todas las reuniones sociales que ofrecían las tiendas. Llevó a la compañía a aumentar sus ganancias considerablemente, pero lo que más alcanzó fue que le dieron la oportunidad de ser socia de las tiendas en tan solo cuatro años de haber franqueado la puerta del gerente de la compañía.

La admiraban mucho por su dinamismo y entrega para realizar las actividades que le correspondía, era responsable y sabía manejar todo con excelencia. Así con esa experiencia y actitud abrió los talleres donde se elaboraban las prendas que se vendía allí y era su madre la que los dirigía, haciendo de ella toda una empresaria con la asesoría de su esposo, que se convirtió en el gerente de los talleres.

Con el paso de los años construyeron una industria de la moda y lanzaron su marca: *Lulú's*, que se lucía en las pasarelas internacionales. Sin embargo, Lulú estaba cansada y quería ser amada; no le había dado tiempo y espacio a ese sentimiento, porque su foco había sido su tienda; ahora era propietaria de varios negocios, pero se sentía vacía. Solo tenía a su lado a un asistente que le admiraba mucho y le escuchaba siempre sus conversaciones atentamente; él se sentía atraído por esta colosal mujer, pero jamás se atrevió a decirle algo al respecto; ella era muy simpática con todas las personas, pero también infundía mucho respeto; era sencilla, al caminar determinaba su finura. Quién creyera que aquella niña hermosa que todos querían en esa esquina, se hubiera convertido en toda una mujer de éxito.

Así que un día hablando con su asistente, un joven, dinámico, emprendedor y guapo, le contó su historia de negocios y qué la había inspirado a tomar esa determinación, de la que aún se maravillaba, y del coraje para lograr la tienda que tanto tiempo la hizo suspirar; miró siempre a través de esos vidrios aquellos vestidos que le parecían bonitos y deseaba para su madre. El joven quedó perplejo ante esa mujer valerosa y hermosa que supo aprovechar las oportunidades y tomó la decisión correcta de seguir su sueño sin descansar hasta lograrlo.

Empezaron a salir a restaurantes y así fueron conociéndose mejor; entre cenas y funciones de ópera se fue entrelazando una relación amorosa que tuvo un final feliz: ella se enamoró y terminó casada con ese joven paciente que nunca desistió de conquistarla.

Ella le alimentó el alma a él para que lograra alcanzar el deseo que llevaba en su corazón; en alguna ocasión le había contado que viajar era su pasión, pero sobre todo tenía la ilusión de ir a Italia a estudiar diseño de muebles y también construir su emporio de tiendas de muebles modernos y elegantes, de clientela muy exclusiva. Lulú admiraba mucho a su esposo por la inmensa paz que reinaba en su mirada, porque guardaba siempre un aplomo en todas las situaciones, era hombre de carácter pero dulce y elegante en su trato, de modales finos y lleno de esperanzas de su vida en común.

Al llegar al primer año e matrimonio, ella le dijo que le tenía una sorpresa, y él, como siempre sonriente, la abrazó con amor, le besó los labios. Ella, igualmente, se rindió ante su ternura y le confesó: "Nos vamos a vivir a Italia, para que puedas realizar tu sueño de estudiar lo que has deseado siempre. Durante todo este tiempo he estado realizando todo lo concerniente a los negocios, abrir una tienda en Milán y estar juntos mientras realizas tus estudios y te preparas con los mejores diseñadores de muebles y aprendes las técnicas de los grandes".

ARQUETIPOS

Carlos llegaba a su casa después de un día de mucho trabajo en la oficina. Eran las cinco de la tarde y la noche se acercaba lentamente cubriendo la ciudad con un manto de tranquilidad, por lo menos eso era lo que él percibía. Al frente de su casa, sentado en una piedra, estaba un joven con la cabeza agachada, que no le despertaba mucha confianza. Carlos lentamente se acercaba en su vehículo al garaje de su casa y aquel hombre no se movía y menos lo miraba. Decidió abrir y entrar con su vehículo.

Dentro de su hogar reinaba una alegría enorme, porque papá había llegado; sus hijos salieron a su encuentro y él feliz los abrazaba y le preguntaba a cada cómo había pasado el día. Siguió hasta la sala de estar a saludar a su esposa, que alistaba la cena con la empleada. Ella salió a su encuentro y lo abrazó amorosamente. Él era feliz regresando a su hogar, donde todo era armonía.

–¿Has visto ese hombre que está sentado al frente de nuestra casa?, preguntó Carlos.

–Sí, dijo ella. Desde tempranas horas de la mañana lo he visto allí, pero no hace nada especial. Debe ser un mendigo cansado, que espera pasar la noche allí.

–Pero no me da tranquilidad, es que no mira y eso no me da desconfianza, dijo Carlos. Llamemos a la policía para que so le lleven, insistió.

–Bueno, dijo ella y así hizo. Les indicó qué pasaba y le preguntaron que si estaba sentado en el andén de su casa. Como en realidad estaba al otro lado, la policía dijo que no podían hacer nada, porque no invadía su terreno.

Al otro día Carlos se levantó contento y lleno de energía para empezar la jornada positivamente, tomó su ducha y silbaba; cantaba como alabanza a ese nuevo día que ya se tornaba especial. Se despidió de todos y feliz se subió a su carro, pero al salir volvió a ver a aquel hombre que la noche anterior le había intranquilizado; lo miraba por el espejo retrovisor, pero él no le devolvió la mirada y menos se molestaba; parecía más una estatua que un ser normal. Carlos, sin pensarlo, volvió a entrar su carro al garaje y se dirigió hacia él, necesitaba estar seguro de que su vida y la de su familia no corría peligro. Iba pisando seguro y a nos pasos lo llamó: Oiga señor, ¿quién es usted? Amablemente levantó su cara, con asombro lo miró y volvió agacharla; lucía sucio y enfermo, estaba pálido y con el rostro desencajado. Parecía de otro mundo.

Carlos, molesto, se acercó y despectivamente le pidió que se retirara de ese espacio, que no quería que permaneciera en su camino causándole malestar a todos.

Señor, al fin habló, se molesta usted a lo mejor porque desde la noche anterior ha querido que desaloje el lugar que no le corresponde, ¿acaso soy su espejo? Eso le intranquiliza, ¿no será más bien que quisiera vivir libre y no tener que llevar el peso que usted lleva en sus espaldas? ¿Será que quiere ser uno más en medio de una sociedad tóxica que le ha envenenado el alma? Su vida acartonada no le permite salirse de esos patrones que lo han momificado y necesita pelear con un indefenso. Es mejor que siga su camino, porque el día se le va a dañar con mis verdades, las que le abrirán un hueco en la conciencia y le carcomerán los intestinos de rabia por no ser libre como el viento.

Carlos, furioso, lo pateó, su cara se transformó y dejó de ser el hombre equilibrado y culto que aparentaba siempre, para pasar a ser la bestia que llevaba dentro, encarcelada por años y con un bofetón derribó a aquel mendigo indefenso que no le levantó la mano sino que solo le dijo la verdad que le hizo despertar el verdadero ser que yacía en su interior. Empezó a llegar gente al escuchar la algarabía y la policía en segundos llegó en el acto.

Al mendigo le subieron a una ambulancia y Carlos regresó a su casa a darse otro baño y así lavarse la careta que le habían descubierto y que él quería ocultar.

No sabía si en verdad estaba contento con que se hubieran llevado a ese hombre o de verdad le preocupaba la paliza que la había dado y se sentía culpable; intranquilo se dirigió a su oficina.

En la tarde, después de un día pesado anímicamente y con una carga en los hombros, en su inconsciente se tejían muchas redes de sentimientos encontrados; no conocía aún todos esos sentires que había tejido su presente, dejándole agotado. Se dispuso a organizar todo para regresar a casa, cuando una llamada que entró desde el hospital le apartó de su decisión.

–Señor Carlos, el joven de esta mañana necesita transfusión de sangre y está muy delicado; ¿quiere ayudar en su recuperación?

–¿Cómo?

–Bueno, es bien sabido todo los golpes que usted le propinó a ese hombre, que sería bueno que aportara o donara algo para ayudarle.

Carlos llegó pronto y para sorpresa urgía la transfusión y estaban agotándose los minutos de vida de aquel famélico ser que no tuvo fuerzas físicas para defenderse de la brutal golpiza que le estaba apresurando la partida de este mundo físico.

Los médicos le informaron que el tipo de sangre de aquel hombre era muy difícil de encontrar, por lo que no sabían cómo podrían salvarle la vida. Sin pensarlo, pidió que le extrajeran sangre a él, porque tenía el mismo tipo del mendigo. Todos se miraron al oír ese requerimiento de aquel hombre prestante de sociedad, banquero de profesión y con todos los pergaminos colgados en sus etiquetas que le brotaban en cada palabra.

"Solo una cosa pido –dijo– y es que no permitan que él me vea y menos que yo lo vuelva a ver; quiero dejar todo aquí y no saber más de este acontecimiento bochornoso en mi vida".

La vida para Carlos se normalizó después de tres semanas y el evento fue olvidado aparentemente; hasta que una tarde, de regreso a su casa, vio a un anciano sentado frente a su casa, que de inmediato le disparó sus recuerdos de semanas anteriores; pensó que ya estaban olvidados, pero en verdad habían quedado dormidos como un aleteo de mariposa en el inconsciente, lo que lo llevó a recordar ese acontecimiento que le había generado desconcierto y fastidio; sus pensamientos regresaron, creando un manojo de realidades incongruentes con su presencia física; al hombre, fuerte de carácter, culto, perteneciente a una familia adinerada y con un futuro lleno de abundancia, esta presencia le revolvía aquello que llevaba en su interior y que le marcaba hasta los límites de la locura; algo pasaba en él, porque aún no entendía, pero se resistía a comprender que aquel hombre fuera parte de su yo. Personas con estas lo confrontaban con un mundo interior, en un juego al cual él no quería pertenecer y huía como fiera.

Pasó cerca, lo miró y dejó por hoy que pasara al olvido. Al llegar a su oficina empezó a sentir malestar y su cuerpo no resistió tanta presión. Cayó al piso.

Ya en el hospital, con todas las canalizaciones y conexiones para devolverle el aliento a su vida, los médicos corrían de lado a lado para ofrecerle la mejor atención; lo estabilizaron y al fin pudieron hablar con él y con su esposa, presente y angustiada por su repentino desplome; su salud era débil y necesitaba un descanso, o mejor, un retiro de toda actividad por un tiempo de dos semanas.

Carlos paseaba por el campo haciendo uso de su obligado descanso y en silencio se sentó bajo la sombra de un árbol. Quería meditar algo inusual en un hombre que solo era consecuente con su razón; cerró los ojos y comenzó a revivir los pasajes en los que aquellos hombres le habían quitado la paz y le enfrentaban a su propia realidad, de la cual no quería ser consciente y deseaba huir para regresar a su vida de ejecutivo.

Cerró los ojos y de pronto en su interior voces llegaron a importunarle su tranquilidad; en una súbita ensoñación sintió que estaba en una plaza de un pueblo egipcio, en donde todos caminaban ligeros de vestido, solo con túnicas largas; de pronto vio a aquel joven, al cual golpeó tan fuerte, que le quitó la vida.

El joven, vestido con túnica blanca y de mirada tranquila, le sonrió, en medio de una aparente luminosidad le dijo:

–Hola, hijo, ¿cómo estás hoy? Espero te sientas cómodo en esta hermosa plaza y disfrutes de todas las maravillas que se irán desarrollando durante el tiempo que estés aquí. Estás invitado a participar con una sola condición: que te liberes y dejes el miedo a equivocarte, ese sentimiento que te ha arrastrado al borde del precipicio en tu vida.

Si dejas que todo se desarrolle como debe ser, aprenderás a vivir libre de todo lo preestablecido y volverás a ser lo que en otra vida fuiste, un hombre tranquilo y lleno de paz; nada romperá tu esencia divina y seguirás por el camino de la esperanza; aprende de nuevo a reír, a equivocarte y a tomarlo como una enseñanza; a caminar descalzo para sentir la energía de la naturaleza penetrar tu ser y llenarte de vida; tu salud mejorará porque el poder de sanación te fue dado; si tú lo olvidaste, no es mi culpa.

Sé bien que recuerdas cuando me golpeaste y jamás te respondí, no porque sea manco, sino que no participo de la ira de los demás; era solo un mendigo al que sin preguntarle, tú le permitiste que se enterara de lo que has guardado en tu alma y no quieres enfrentar, saliera y revelara lo que en verdad eres tú, un ser inseguro, disfrazado de autoridad, calculador y frío con deseos de tener todo bajo tu manga y de que nada se te escape del rango establecido. Has llegado al lugar perfecto, donde te enfrentarás a fieras que te arrancarán hasta las entrañas si no sabes defenderte; hoy no tienes tu mundo frente a ti mismo; esas fieras que han vivido siempre en ti y que has maquillado con regalos bonitos, pero a las que en el fondo solo les has dado de tu propia carencia, serán las que te dejarán abatido si no sabes cómo dominarlas.

¿Recuerdas el anciano que sin decir palabra alguna desató tu mal estado de salud? Sabes bien que basta una mirada como el aleteo de una mariposa para que todo la estantería se caiga y así te sucedió; solo dos eventos, que para algunos no tendrían trascendencia, a ti te ganaron la partida en el juego de la vida; has perdido y hoy vas a tener la oportunidad de volver a retomarla, si crees que te la mereces. Ese anciano allí sentado, con deseos de descansar y de recibir una mirada afectuosa y palabras de aliento, era yo; me miraste con odio, el reflejo de lo que has sido, de tu sentir hacia los otros, de ese corazón vacío y despojado de sentimientos; solo ha vivido en ti la desesperanza, la soberbia, el rencor, la vanidad y el orgullo que te han hecho un hombre cruel y despiadado con los demás. Te has mostrado como el hombre y padre más amoroso en tu casa, pero con los demás manchaste la honra, al no permitir que persona alguna se te acercara con afecto; tu imagen es solo la de un hombre con miedo de mostrarse tal como es, de no ser aceptado por tu sociedad. Así manchaste tu camino, hasta llegar al estado en que te encuentras ahora.

En la plaza encontrarás a dos hombres fuertes que te invitarán a lanzarte a jugar como los leones, para que muestres tu valentía y ese coraje que has aparentado, ellos te arrancarán los ojos si no sabes defenderte. Ahora empieza la función.

Los hombres le miraron, y él, impávido ante esa fortaleza que se veía en sus músculos, se quedó sentado sin poder moverse, les sonrió y les miró con comprensión, se acercó a ellos y de pronto sintió un golpe que lo despertó de su sueño.

Un mango que le cayó encima lo sacó de ese enfrentamiento con su propia vida, que le estaba arrancando a pedazos su existencia y que le quería dar la oportunidad de retomarla y enderezar el camino hacia el verdadero sentido de vivir.

Carlos había vivido sueños y realidades al mismo tiempo con mucha intensidad, no tenía alientos y quería hablar. Regresó a su casa con alegría y lleno de optimismo; irradiaba amor y un halo de esperanza brotaba en cada palabra que pronunciaba a los suyos. Su salud fue recuperándose y su actitud hacia los otros era cada día más comprensiva, dejaba fluir todo como el agua, nada le perturbaba y su paz interior volvió a germinar como una flor.

Retornó al trabajo en la oficina después de un largo periodo de ausencia y retomó su posición con más comprensión y respeto por los demás; cada vez que necesitaba de la labor de algún empleado, lo solicitaba de la manera más cordial, sin alardes de su posición como ejecutivo de alto rango.

En su escritorio le habían dejado un regalo: un espantapájaros con un letrero: "Bienvenido a tu nueva vida". Sonrió, porque ya entendía todos esos mensajes que el Universo sincrónico le expresaba, se asomó a la ventana, miró hasta donde pudo llegar su mirada, sonrió de nuevo y dio gracias por la oportunidad de volver a crear su realidad, a partir de sus ser interior, en comunión con todo.

El ángel de la ópera

Sonó el teléfono y María se acercó a levantarlo en la mesa de noche de la cama de su madre, cuando al otro lado de la línea escuchó la voz de aquella señora de la disquera que le anunciaba un contrato multimillonario. Rió y gritó de emoción, de pronto se quedó pensativa, sin entender, pero emocionada llamó a su madre para contarle de aquel suceso que empezaba a cambiarle la vida.

María era una joven discapacitada que daba todo por ser lo que ella llevaba en su mente: dueña de su vida, de sus emociones y dejar el olor de su éxito personal a la humanidad, porque había nacido para el éxito.

Al momento de nacer, sus padres fueron informados de un problema cerebral que impediría a María crecer como una niña normal. Desconsolados por la noticia, se quedaron callados, no sabían qué decir ante la mala noticia; pero de pronto, Esther, la madre de María, sacó valor de sus entrañas y dijo: "Es mi hija y ella será el ángel que alegrará mi vida, quien me acompañara por siempre y daré mi vida porque sea una niña igual a las demás; no me rendiré ante esta noticia y dejaré en ella el valor de la perseverancia. Ante el Creador solo somos sus hijos amados y nada es imposible para él; ella y yo somos parte vital de la existencia divina, por tanto, continuaré sembrando todo el poder viviente que existe en mí, para que este ángel que ha bajado a cobijar mi vida sea portadora de los mejores momentos de cada ser que pase a su lado; será la roca del río para mostrar la fortaleza de espiritu que empezará a germinar en su corazón. No permitiré que los tropezones de la vida mengüen sus fuerzas, eso jamás, porque llevará la bandera del valor para volar hacia las alturas de la realización; no habrá piedra que arroje por el suelo sus deseos de soñar; esas piedras le servirán para construir la escalera al cielo de la realización personal. Si otros han podido, mi hija llevará el sello de la persistencia y vivirá siendo amor. En ella ha germinado la semilla de la vida, la que le llevará a vivir con pasión cada paso que dé, y aunque sus piernas sean la silla, eso no impedirá la carrera de su felicidad; en ella solo habrá vida de esperanza y un manojo de deseos por alcanzar".

María, a los cinco años ya interpretaba la guitarra, pintaba al óleo, cantaba y danzaba como si fuera un ángel; todo lo que se proponía lo realizaba con paciencia y disciplina; eso había aprendido de su madre, aquella mujer que entregó su vida para dejar en su hija valores que engrandecieran su vida, que le dieran independencia y el más importante valor: nunca permitir que le arrebataran sus sueños; siempre le decía: "Los límites están en ti, no dudes en alcanzar tus sueños".

Un día, aún siendo María pequeña, esa madre abnegada observó con mucho cuidado a su hija, para identificar sus potencialidades y ayudarla a crear una vida de excelencia. Al paso de los meses fue descubriendo que su hija amaba la música, disfrutaba de un oído prodigioso y su voz angelical llenaba el aire de su casa de mantras, impregnándolo de paz y amor; pero sobre todo tenía un carisma de diosa, porque alegraba la vida de todos sus vecinos con palabras de aliento, motivaba a todo aquel que se cruzara en su caminar por la vida; no andaba, solo volaba, porque en su mente no había sembrado límites y deseaba ser una cantante de ópera.

Todas las mañanas se levantaba a ver el amanecer, meditaba con la Luna y las estrellas, sentía el tiempo detenerse al inhalar y con cada exhalación dejaba el aroma de su gratitud por ser parte de cada átomo del Universo; ella era un ser especial y así lo sentía. Siempre, durante el día, desarrollaba un rigurosos y preciso programa de actividades, que ejecutaba cada una con un éxito total; mes a mes y año tras año sumaban sus momentos grandes que dejaban huellas.

Su madre había quedado viuda cuando María solo tenía 12 años. Era aún adolescente y soñaba con disfrutar de una fiesta cuando llegara a los 15 y bailar el vals celebratorio con su adorado padre, aquel hombre que estuvo siempre presente para apoyarla, pero sobre todo por su amor; él dejó grabado en el corazón de María una calidez de carácter que ella entregaba a todos los demás en gratitud a quien dio todo por ella.

María, tras muchos años de estudios de música, prácticas en la iglesia y reuniones con sus compañeros de colegio, se convirtió en una cantante de ópera maravillosa. Su voz era prodigiosa y llenaba todos los recintos de emoción; las personas que la escuchaban quedaban perplejas ante tanta dulzura musical, pero especialmente por sus gestos angelicales, que dejaban a más de uno sin parpadear, hipnotizados ante el espectáculo que les regalaba. Porque era un regalo de dulzura que engalanaba la vida de cada asistente. Dejaba notas de amor y dulzura, construyendo un camino al éxito. Ella comprendía que el éxito se construye con perseverancia, educación precisa para lograrlo, ejercicios diarios para tener una buena condición física y sobre todo paz en su alma, para transmitir lo que sentía por la vida.

Un día, al terminar de cantar ante un público juvenil, sintió la necesidad de hablarles para motivarlos a seguir sus sueños; sabía que su deber era regar la semilla que sus padres sembraron en ella, entonces los animó diciéndoles:

"Sean dignos seres humanos, jóvenes capaces de alcanzar las estrellas; jamás sean marionetas del destino, en cambio, responsables de sus acciones. La vida está llena de encanto y oportunidades, son ustedes los únicos que pueden decidir cómo la quieren vivir. Gracias".

Todos se levantaron de sus sillas y aplaudieron con emoción a aquella joven valerosa que no solo endulzaba todo lugar que visitaba, sino que lo impregnaba de sabiduría.

María grabó su primer disco y arrancó la gloria en su carrera; la llamaron de muchas empresas para aparecer en avisos publicitarios y así fue generando una vida millonaria, a tal punto que creó su propia fundación para apoyar a jóvenes minusválidos tras el logro de sus sueños.

Quería dejar un legado de esperanza en la fundación *El ángel de la ópera*, un lugar de ensueño donde cada joven fuera construyendo su propio mundo de prosperidad y éxito total.

Al cumplir los 30 años de vida, la estrella se fue apagando como si el agujero negro del Universo la estuviera transmutando a otra galaxia, para continuar engalanando otros mundos paralelos

Ella sabía que su vida tenía que trascender más allá de las fronteras físicas y volar hasta el cielo de otros para llevar su inspiración y armonía e impregnarlo de amor. La estrella física cerró sus ojos pero su alma voló al cielo.

CÓMO INFLUIR EN TU FUTURO

Para poder influir en el futuro, es necesario aprender a cambiar o corregir esos hábitos de pensamientos que no permiten conectarnos con nuestro inconsciente colectivo, como lo explicó Carl Gustav Jung.

Según este siquiatra suizo, creador del proceso de individualización en el que el entrenamiento activo por medio de reflexión, meditación, adiestramiento vital para purificar la percepción y pensamiento sincrónico purificamos nuestro yo y nuestros sentidos, limpiándolos y haciéndolos más humildes, eliminando errores del pensamiento causal, por el que siempre la humanidad ha creído que nuestra vida es lineal, buscándole siempre una causa a todo y esperando resultados, como el de una vida más petrificada, sin darnos la oportunidad de saber manejar eso que a veces no entendemos, el azar.

Este nuevo pensamiento nos permitirá siempre conectarnos con el Universo. Claro que esto requiere disciplina, atención continuada, pero ante todo un nuevo enfoque mental de nuestra existencia. Es solo cambiar ese arquetipo (máscara) que por siempre hemos usado y reemplazarlo por uno de mayor trascendencia, más elevado dentro de todo este juego que es la vida. Sencillamente, es solo aprender a reprogramar nuestra conciencia mediante programas mentales y pautas de comportamiento que nos generen una vida más placentera, próspera y feliz, buscando ser más consciente de todo lo que la vida nos regala, que está en nosotros y en nuestro entorno. Solo así influiremos en nuestra vida para alcanzar ese cambio que tanto se espera día tras día en medio de este caos que a diario crece, a tal punto que muchas enfermedades de todo tipo se han disparado en el ser humano.

Tanta incertidumbre ha derribado hogares creando más caos; es hora de despertar para adquirir un conocimiento de nuestro ser y de la interrelación entre nosotros mismos y el Universo para generar un nuevo ser, un cambio en todos los aspectos, en el que la teoría del efecto mariposa nos lo ha demostrado; todo lo que generemos en nuestro pensamiento lo veremos reflejado en nuestra vida y en el Universo entero. Si estimulamos nuestros pensamientos positivos, desde el conocimiento de ese lado intuitivo que poseemos sin reconocerlo, a causa del voluntarismo, la lógica cartesiana, las razones o la planificación, porque según Albert Einstein, "La intuición es lo único realmente valioso y un regalo de Dios", y si le añadimos el arquetipo correspondiente que origina el cambio, tendremos como resultado, de manera inconsciente, las respuestas y los caminos que se necesitan para conseguir lo que deseamos; esto no es mágico, sino que está en nosotros y que solo cada uno podrá ejecutarlo y será la respuesta a todas nuestras necesidades.

A veces actuamos tan rápido que no somos conscientes de que a veces nuestras decisiones funcionan con la intuición y pensamos que fue nuestra lógica cartesiana la que los originó. Cuando volvamos a nuestro ser y conozcamos más de nosotros, veremos y crearemos más milagros en nuestras vidas.

El mundo que hemos creado es el resultado de nuestra forma de pensar "Einstein". Qué maravilla, porque es sencillo. Aprende a vivir más desde el centro de su vida y no desde lo que la sociedad ha planificado para ti, sé libre y date la oportunidad de generar un presente más pleno y feliz; esa será la única manera de conectarnos con el inconsciente colectivo, aquel que nos dice que todos y todo están sincronizados. Cualquier pensamiento, sea positivo o negativo, tendrá su efecto en la misma dimensión y de la misma manera.

Es preciso relajarse y vivir vigilante a las señales, dejándose llevar y fluir con la vida, permanecer abierto a las oportunidades, incluso aunque no percibamos ni hallemos motivo para hacerlo.

Despierta a una vida próspera y solo así serás más feliz; aprende a pensar positivamente y a generar acción de la misma manera, no te digas "Voy a intentarlo", sino que aprende a decirte "Lo estoy haciendo y me siento de maravilla". No busque más excusas, sea acción antes que reacción; no sea más marioneta del destino y cree su propia realidad, la que ha estado esperándolo en su sueño profundo.

Si has sido un seguidor de las realidades de otros o si has dejado su vida en manos de los demás, hoy estás aquí para que des el primer paso hacia la construcción de tu propia obra, la obra monumental de un ser feliz por naturaleza propia, pleno de satisfacción por todo lo que en su vida ocurre; un ser auténtico y lleno de oportunidades, al que se le generará un presente digno y próspero.

Capítulo 5

El mapa del tesoro

Alejandro, de regreso a su trabajo, después de unas largas vacaciones junto a su madre, se sentía tranquilo, feliz y lleno de energía. El haber compartido con su madre todo lo que le había ocurrido en los últimos tiempos, le había dejado en paz, a causa del milagro sucedido en su vida y por el que su ser empezaba a recibirlo con gratitud. Lucía más joven, su carácter amable dejaba todo impregnado de alegría y cordialidad. Comenzó trabajando con pasión toda la mañana, asistiendo a reuniones de todo tipo y depositando en cada ser un regalo de vida; todo lo que había recibido le había permitido conocerse y comprender más a los otros.

Al terminar la jornada se despidió amablemente de todos sus compañeros y salió hacia su apartamento; pero de pronto, ya en la autopista rumbo a su hogar, una voz en su interior le recordaba a esa perla que le había dejado el mejor regalo, una sabiduría que estaba dando frutos en su vida, por lo que decidió ir hasta la librería donde supuestamente había trabajado Milena. Condujo su auto unos 15 minutos y lo parqueó para entrar a la librería y saber más de aquella chica especial.

Todos en la librería la recordaba, como si en cada libro hubiera un mensaje especial para él. Sentía una especial empatía con ese lugar lleno de encanto. Si había sido el lugar ideal de Milena, también se identificaría con él; no dudó y se dirigió a la dependiente y preguntó por el director de la librería.

Salió una señora mayor a presentarse y ofrecerle sus servicio. Él, apenado por la molestia, titubeó y se disculpó por quitarle su tiempo. La directora, amablemente le ofreció una sonrisa y le reiteró su disposición para atenderlo en todo lo que necesitara.

–Hace algunos meses conocí a alguien que trabajó en esta librería y me dejó muchos recuerdos, así que he venido a rencontrarme con su sentir y sabiduría, dijo Alejandro.

–¿Recuerda su nombre?, respondió la directora.

–Milena, pero no recuerdo su apellido, sé que era la directora de la librería.

La directora sonrió y le dijo que no tenía conocimiento de alguien con ese nombre y que ella llevaba trabajando allí cinco años en ese mismo cargo.

Alejandro se disculpó por la molestia y solo le contestó:

–Creo haberme equivocado de librería.

Él estaba seguro de que era la misma librería que siempre le nombró Milena. En ese instante empezaba a comprender lo que ella le había escrito; no quería analizar nada, solo deseaba vivir y dejar que la vida fluyera. Siguió mirando libros que le llamaron la atención, pasó allí un momento y salió sin más preguntas.

Al dirigirse al parqueadero encontró de nuevo un gato atravesándose en su camino, que le recordó aquel incidente de la primera noche en la que se encontró con su amiga. Miró para todos los lados y al no ver a nadie abrió la puerta de su vehículo y se sentó. De pronto la radio se encendió y escuchó una voz que recordaba. Comenzó a sentir la presencia de ella, lo que era un paso grande para descubrir ese regalo que aún él no podía comprender y que le anunció en la carta. Su ser comenzaba a sufrir una metamorfosis, y deseaba conocer más sobre la magia de la vida, pero sobre todo, rencontrarse con Milena y tener acceso al mapa que le abriría al éxito personal.

El autodescubrimiento se había logrado, entendía quién era en este Universo perfecto y lleno de energía, su vida se había tornado especial y todo lo sentía maravilloso. El milagro en su vida se había revelado y quería seguir viviendo el sueño del despertar que estaba latiendo en su interior, pero también era consciente de que necesitaba seguir alimentando su alma.

Debía reconocer las señales, aunque no sabía cómo; sin embargo, en su interior comprendía que estaba a un paso de saber cuáles eran. Siguió conduciendo hasta el parqueadero de su apartamento y entró pronto al edificio, cuando el portero le comunicó que lo estaban esperando.

–¿Quién?, preguntó apresurado.

–Soy yo, Milena, y he venido a saludarte y a tomarme un té contigo.

Alejandro, emocionado, la saludó y cortésmente la invito a tomar el té al apartamento.

–He sentido tu presencia desde hace unas buenas horas, pero lo que no me esperaba tan pronto era verte frente a mí, deleitando mi vida. Hace mucho frío e imagino que quieres un té caliente, continuó hablando Alejandro.

Ella sonriente, asintió.

–¿Cómo fueron tus vacaciones junto a tu madre? Me imagino que pasaste estupendamente junto a ella, dejaste tus prevenciones, gozaste su presencia y llenaste tu alma de alegría, ¿verdad?

Alejandro no sabía qué responder. Sentía que Milena era su ángel y lo embelesaba con tanta ternura y comprensión, así que contestó:

–Fueron unas vacaciones mágicas, me sentí como un niño disfrutando de la arena, todo era maravilloso. Mi madre me miraba y me escuchaba con amor, sentí su ternura a cada instante. Era como si hubiera regresado a mi infancia, cada paso junto a ella me hacía sentir seguro, sus manos ya arrugadas y manchadas por los años me sujetaban, haciéndome sentir el hombre más amado; eso me hizo falta por mucho tiempo y hoy lo he recobrado y lo guardo como un tesoro en el corazón. Pasamos horas hablando y recordando nuestras vidas, hubo lágrimas de perdón y de felicidad por la paz que yacía en nuestros corazones; me contó su vida y pude comprender que en verdad mi mamá es un ser humano igual que yo, con muchos sentimientos encontrados, que había vivido circunstancias que le habían cambiado la vida y que ahora, al haber compartido conmigo, la liberaron de ese anclaje que le robó su paz por muchos años.

Milena no musitaba palabra, solo sonreía y miraba fijamente a su amigo, lo escuchaba atentamente y le dejaba saber con su mirada que lo que le estaba compartiendo era muy importante para ella; él, emocionado, siguió contándole todo lo vivido en sus vacaciones, con muchos detalles.

–Hubo unos momentos tensos, como cuando abordamos el tema de mi padre; comprendí que era difícil para los dos, no queríamos irrespetar su memoria y además no le podíamos dar el derecho a defenderse; pero después de un silencio que se hizo eterno, ella con lágrimas me miró y me abrazó tiernamente. "Hijo, tu padre siempre estuvo convencido de que lo que hacía era lo mejor para nosotros. Su infancia fue difícil pero valientemente se forjó una vida en la que le dio todo, fue un hombre trabajador, perseverante y emprendedor; no le dio nunca cabida a la pereza y menos al infortunio; creo que eso lo hizo un hombre fuerte de carácter. Ya él no está con nosotros y partió creyendo que todo lo había hecho bien. ¿Quiénes somos para juzgarlo? Si solo vivió pensando en su familia. No tenía más motivos para vivir que nosotros. Sé que nos quitó el tiempo que nos correspondía y se perdió de los mejores momentos de tu vida y tal vez eso aceleró su infarto, pero en el fondo de su corazón sentía un amor profundo por ti y quería ofrecerte un futuro próspero; sé bien que ese no era el camino, pero fue su vida. Alejandro solo te toca no repetir su vida y vivir a tu manera".

Esas palabras de mamá iban lavando mi mente de recuerdos que me habían anclado en el pasado y me dejaban más tranquilo; sentía una paz en el alma, que no la podía definir, solo sentía su amor y ahora podía corroborar que aquellas historias y escritos mágicos habían marcado una nueva vida. Me enfrentaron, penetraron en mi ser como una excavadora y limpiaron toda esa maleza que aún estaba guardada en mi inconsciente y que por pereza mental seguía creyendo que la vida no tenía sentido. Desaprendí todo aquello que me alejaba de mi propia naturaleza y logré ser victorioso al encontrarme conmigo mismo, pero lo más importante es que pude sanar mi pasado, reviviéndolo, y así di el salto, rompiendo esos círculos viciosos que no me dejaban prosperar.

Ahora soy un ser más humano y comprendo a todos en su propia naturaleza, no quiero alterar nada y menos pretender ser diferente a lo que soy en esencia. La relación con mi madre es más estrecha y ha despertado hacia un mayor entendimiento, con respeto y amor. Cuánto disfruté de su presencia allá en la playa, jugando con la arena pasamos horas; las olas nos sumergían en un mundo de posibilidades, aquellas que ya habían empezado a florecer, sanas y frescas.

Alejandro hablaba emocionado, sin parar, y al percatarse sonrió y se acomodó en la silla frente a Milena.

–¿Quieres más té?, le preguntó a Milena.

–No, gracias, respondió ella.

–Ahora que me has escuchado y conoces más el proceso que he vivido, solo me queda preguntarte, ya que tus historias y escritos tienen la particularidad de ayudar al autoconocimiento, ¿cómo encuentro el mapa que me guiará a recorrer esas millas de más para así conquistar mis sueños? ¿Cómo puedo saber dónde están las llaves del éxito?

Milena se levantó y dirigiéndose a la ventana, se quedó mirando el cielo, como si estuviera interconectándose con la mente infinita de todo lo existente en el Universo. No pronunciaba palabra, suspiró, dio media vuelta y se dirigió hacia él, lo miró fijamente a los ojos y le contestó:

–Todo tiene su momento y el tuyo ha llegado; cuando me contabas todo lo vivido con tu madre, comprendí que tu casa interior la habías limpiado, que los mensajes de las historias habían hecho lo propio contigo. Eres un hombre nuevo dispuesto a construir tu mundo con olor a éxito, prosperidad y armonía total, ya comprendiste que quien busca encuentra lo deseado, así que antes de partir te dejaré el manual que abrirá la puerta secreta de tu ser y entrarás a comunicarte contigo mismo, allí donde está Dios, donde está toda tu información que ha dormido por años y que ahora quiere revelarse y así dejarte inmerso en la iluminación con una vida llena de encanto, donde reine el éxito total.

Son 22 pasos que unirán tu consciencia con el inconsciente. Son interdependientes, se necesitan para que el caos no llegue a tu vida. Podrás dilucidar y así exhortar a tu propio ser al logro de todo tu potencial. Sigue cada paso con disciplina y repítelo cuantas veces puedas, ojalá sea en la mañana y antes de irte a la cama, así llenarás tu mente de un potente poder que alimentará todo tu ser. El viaje que vas a emprender es a las profundidades de tu propio yo y te llevará a buscar la sabiduría ancestral que yace en ti; una sabiduría muy necesaria para resolver problemas personales, como para encontrar respuestas creativas a preguntas universales. Aprenderás a usar los pasos a tal perfección, que llegará el momento en el que serás un maestro en tu caminar por la vida.

Este sobre, querido amigo, que dejo en tus manos, es un regalo a tu paciencia y fe, pero sobre todo a ese deseo de despertar y darse la oportunidad de vivir al cien por ciento la vida, a la cual tienes derecho.

En el primer paso descubrirás que el número que le corresponde es el cero, ya que no tiene posición fija y puede reaparecerte en los otros 21 pasos; en este juego eres tú la figura central, por tanto debes comprender que ese primer paso es crucial para emprender el camino a la realización. Los veintiún pasos restantes los dividiremos en tres líneas horizontales, donde la primera fila de siete pasos la llamaremos: *El camino de los sabios*. Allí encontrarás cómo liberarte de los patrones que por tiempos sabotearon tu camino. Los pasos que van del ocho al catorce los denominaremos: *Camino hacia la realidad*, puesto que aquí empezaras a ver cómo te has identificado con el mundo exterior y cómo lograr posicionarte en tu vida profesional y afectiva. La tercera parte de los pasos la denominaremos *la autorrealización*, en la que podrás ya sentir que vivir es maravilloso, si de verdad lo haces con conciencia. Bueno, adelante y continúa tu ascensión, amigo.

Ya es tarde y debo partir, vendrán otros paisajes a mi vida y allí encontraré a quien me está esperando. Disfruta de tu camino a plenitud y abre siempre las puertas de otros con tu ejemplo, no les eches perlas a los marranos.

Milena se despidió y su amigo quedó feliz acariciando el sobre. Sabía la dimensión de lo que iba a encontrar y de lo que iba a disfrutar. Comprendía todo lo que vivía y dejaba que la vida fluyera, tal como debía ser, y ya se sentía en comunión con aquella fuerza Universal creadora de todo y ahora le tocaba escribir su capítulo. Solo se dijo: "Manos a la obra y que ruede la película".

Mapa del tesoro

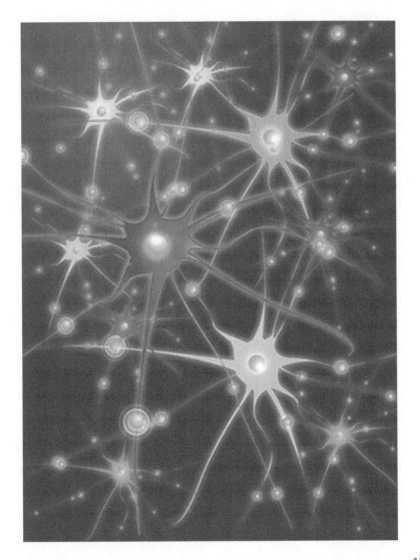

"Si un hombre persistiera en su locura, se volvería sabio"
William Blake

Tu ser hacia la vida, allí donde la mente pensante es prudente y aprende de la magia infinita de la creacion; no des cabida a la duda y lánzate a descubrir la montaña; lo que parece ser un abismo solo es una zanja que quiere perturbar tu camino.

Deja que la energía de la cual eres partícipe, aparte cualquier obstáculo de tu camino y déjate arrastrar como si fueras una hoja barrida por el viento.

¿Recuerdas tu niñez? Eras intrépido y nada te detenía, tenías sueños y te sentías maravillado; todo era posible en tu mente.

¿Recuerda qué deseabas de niño? ¿Qué es lo que más disfrutas en estos momentos de tu vida?

No olvides estas respuestas, porque serán las que le darán sentido a tu autorrealización. Tu ser y sentir, aparecerán siempre en los otros pasos para dejarte inmerso en tu verdadera realidad de éxito.

Paso 1º: Magia

En ti hay un sinnúmero de posibilidades que yacen dormidas en tu inconsciente. Tienes que despertarlas con la genialidad y con las habilidades que posees. Uno de los mejores trucos es realizarte preguntas al por mayor y escribirlas, así podrás encontrar respuestas a tus interrogantes; siempre da importancia a cualquier pensamiento que aparezca en tu mente, porque será relevante para realizar la maniobra de la mayor creatividad en tu proyecto de vida.

Cuando te preguntes, extrae lo mejor de ti y ve elaborando tu plan, buscando el mayor rendimiento de tu mente; tú puedes dar lo mejor de ti, porque eres inteligente y dotado de todo para hacer de tu vida un abanico de posibilidades.

El fuego de tu ser dará brillo a tu camino. Resplandece como el Sol y construye con fuerza la vida en tu caminar.

Paso 2º: Anunciación

Hoy el número dos te anuncia las dos fuerzas que viven en todo la Creación, por tanto déjate guiar y equilibra tu mente para el desarrollo de tu plan. Tus respuestas, examínalas dentro de esas dos posibilidades, recuerda que no hay bueno ni malo como absolutos, todo depende de la fuerza que le hayas inyectado, así que deja que todo se realice sin oponerle resistencia; no lo empujes, porque a lo mejor se traba, más bien deja que la flexibilidad que subyace en tu proyecto te despeje el camino para lograrlo.

Paso 3°: Transformación

Tres son las vías para dejar el camino despejado hacia el descubrimiento de cómo lograr el máximo rendimiento:

- Cambia tu forma de pensar y así tus creencias y tu carácter diseñarán tu plan con óptimos resultados.
- Fíjate metas precisas y haz que tu plan de vida se ejecute. Dale poder a tu pensamiento, autosugestiónate hablándote de tus logros.
- Planifica y organiza todas las actividades concernientes a tu sueño. No dejes nada al azar y sé consecuente con lo que piensas.

Paso 4°: Enseñanzas

Ahora que has aprendido cómo mejorar para ejecutar tu plan de vida, libérate de todo aquello que realmente es irrelevante en tu vida. No des cabida a la pereza mental y aprende a hacerte responsable de todos tus actos.

Recuerda todos tus talentos que de niño disfrutabas y créales un manojo de oportunidades, como por ejemplo, si gozabas contando historias, lo más seguro es que tienes un gran don de la comunicación, así que tienes oportunidades en los medios de comunicación escritos y auditivos; pero también podrías crear empresas relacionadas con las ventas o ser un gran orador; como ves, puedes sacarle el mejor provecho a uno de tus talentos. Así de sencillo. Sé creativo y goza de cada actividad que estás construyendo. Ya en este paso eres más consciente de tus sueños, así que ordena tus pensamientos y energías, conectándolas con la realidad.

Vive este paso con plenitud, aquí se encuentran el orden, la estabilidad de pensamiento y la perspectiva de lo que será tu verdadero reino: el éxito. Los cuatro puntos cardinales serán un derrotero en tu camino, el norte será tu guía; el oeste, tu proyección; el este, tus conocimientos y el sur, lo que llevas en tu ser.

Paso 5º: Espiritualidad

Si has empezado a sentir la controversia dentro de ti, porque una cosa es lo que planeas y otra es la que tu intuición te dice, es normal, no es para angustiarse. Tu vida interior y lo que el entorno presiona están creándote momentos tambaleantes; deja que estas dos constantes que están buscando desestabilizarte sigan y no le des cabida al infortunio, otorgándoles poder. Tienes cinco sentidos que te fortalecen con el conocimiento, pero además te estás adentrando en la sabiduría de los números, llevándote de nuevo a la conexión con el infinito. Sabes que el pentagrama es la revelación que dejará marcado el siguiente paso.

Paso 6º: Imaginación

Ya estás saliendo del conflicto que dejará una gran enseñanza para seguir tu plan, el sueño de tu vida. Te ayudará a crecer y fortalecerá cada aspecto de tu vida; es necesario vivirlos para así encontrar respuestas a los interrogantes que vas enfrentando a cada momento. Un conflicto es una oportunidad para la imaginación y para crear las soluciones, no te desanimes y escríbelas, todas las que a tu mente lleguen, son la materia prima de todo crecimiento.

Cierra tus ojos, relájate y empieza a meditar, deja que todo tu ser respire desde tu vientre, inhala y exhala sin tensión, deja que sea el silencio el que guie tu sentir; vacía tu mente en cada exhalación y llénala con cada inhalación de pensamientos creativos que generen un sinfín de respuestas a tus interrogantes.

Paso 7°: Movimiento

Está surgiendo un autodescubrimiento que te llevará a tu destino. Las fuerzas que has aprendido a reconocer te conducirán hacia tu destino único, aquel que te transformará con estos primeros siete pasos. Eres fuerte y el camino es más armónico y está a tu favor; conoces tus limitaciones y potencialidades, los que te conducirán más seguro hacia la segunda parte del mapa. Los próximos siete pasos te llevarán al camino de la realidad, aquella que te reforzará en el autoconocimiento y te dejará libre a la hora de tomar tus propias decisiones.

Paso 8°: Fuego

El equilibrio se está presentando en tu vida, eres el mediador en tu propia existencia, tienes el poder de elegir la mejor opción, asumirla con responsabilidad y posees un papel importante en tu propia evolución. Inyecta a tu propósito el fuego de la intención, aquella que te abrirá las posibilidades infinitas del éxito personal.

Conéctate a cada instante con tu propósito y grábalo en tu inconsciente conscientemente, que él se encargará de unir los hilos con la esencia divina. Utiliza siempre la meditación para entrar en contacto con tu ser y en el silencio encontrarás el fuego que transformará tu intención en el imán que atraerá todo lo que buscas; serás creativo y lleno de gratitud por todo lo recibido, llegarás a ser próspero y seguro en el camino hacia el éxito. El equilibrio deja el horizonte más despejado para tu propósito; aprovéchalo y haz de este fuego que yace en ti, un aliado para seguir la transformación con conciencia.

Paso 9°: Iluminación

Has llegado buscando sabiduría y la has encontrando; sientes ahora que sin una luz, siempre la oscuridad rondará tu destino y, de abandonarla sin hacerla tuya, será un rodar hacia el precipicio de la desolación; por eso, después de sentir el equilibrio y el fuego que te guiaba, ahora dejas que aquellos hombres que han recorrido un camino de éxito en lo que tú deseas alcanzar, te guíen. No desperdicies los conocimientos aportados por ellos, hay de ti si sigues tu camino a ciegas y por orgullo no aprendes de los maestros.

El éxito de otros es la semilla del tuyo, siembra y deja que germine en ti la sabiduría de tu propósito; aprovecha todos los consejos y no dejes que la necedad te paralice, ellos iluminarán tu camino y gestarán un hombre de éxito y prosperidad. El nueve es iluminación y preparación para un nuevo ser.

Paso 10°: Trascendencia

Si deseas trascender, observa el centro de tu ser, el que te da la estabilidad para seguir construyendo tu propósito; haz virar a tu favor toda vivencia, sin asumirla como buena o mala; no le pongas emociones que no corresponden, para que no rompa la rueda de tu éxito en tu propósito. Construye y de cada actividad extrae lo positivo y deja que aquello que no encuadra en tu plan de vida fluya sin que la aventura en la cual estás viviendo se rompa; mira y siéntete parte del todo, girando a su alrededor te ayudará a centrar tus conocimientos profundos solo en el presente.

Anticipándote a cada movimiento inesperado en tu propósito, encontrarás la llave para abrir la espiral de las oportunidades.

Paso 11°: Unificación

Todas tus fuerzas se están unificando para tu futuro desarrollo. Con el conocimiento de tu sueño y liderando tus oportunidades, irás creando actividades diarias que den como resultado éxitos continuos y plenos de conciencia. Un plan de vida debe tener la fortaleza de tu espíritu y el coraje de tu mente para ejecutarlo.

Busca siempre ser el mejor en lo que has decidió alcanzar.

Inyéctale coraje y disciplina a cada actividad, no dejes nada al azar y menos des cabida al retroceso; proyecta tu energía y visualízate victorioso, porque solo si vives con intensidad tu sueño, lograrás el éxito.

Paso 12°: Liberación

Libérate de todo lo que traba tu camino, despéjalo de aquella maleza que no te deja lograr el rendimiento deseado y siembra todo lo que esté en sintonía con tu sueño.

No dejes que tu sueño se intoxique con energías que no estén vibrando con tu objetivo; esto quiere decir que rodéate de todo y todas aquellas personas que sienten, huelen y viven por su éxito. Recuerda que solo aquel que está viviendo y sintiendo en la misma vibración, va hacia el éxito total, porque no dejará que otros guíen su destino. Asume tu propia responsabilidad; esto quiere decir que solo busca a aquellos que han dejado huellas imborrables de vidas llenas de encanto y sabiduría, de ellos debes aprender los secretos de su éxito.

Elimina de tu entorno o deja seguir el camino a las limitaciones mentales que te han mantenido atado a un pasado.

Ya eres consciente y sigue viviendo al cien por ciento cada momento y cada acontecimiento de tu vida. Será la manera de saborear aquellos momentos de éxito que acompañan tu camino hacia el logro de tu objetivo.

Paso 13º: Rectificación

Ya conoces tus fortalezas y estás dando un paso hacia reconocer tus debilidades; aquellas que en ciertos momentos te traban y no te dejan avanzar como quisieras, pero no te preocupes, es normal, porque siempre hay un grado de inconciencia al vivir. Ahora lo que harás es rectificar aquellas emociones que te han anclado en el pasado y corrige todo lo concerniente a las emociones que bloquean tu proyecto de vida.

En una hoja de papel en blanco dibuja dos cuadros, en el de la izquierda escribes cinco emociones que al instante vengan a tu mente, y en el lado derecho, cómo sientes que están ligadas a tu proyecto, por ejemplo, si la primera emoción fue dolor, tienes que saber en qué está afectando tu vida.

Dolor: reacciones

Como puedes observar, ese dolor está haciéndote reaccionar sin conciencia, sales a realizar o a decir cosas que no querías hacer y menos decir. Rectifica e inyéctale la emoción que corresponde y déjala que siga su camino, no le des cabida en tu ser. Libérate y rompe ese anclaje para siempre, pero sin resistencia y menos sin apegos, así sean buenos o malos.

Paso 14º: Disolución

Ya estás más fuerte y estás viviendo con más serenidad, sin apegos y menos resistencia; ahora tira todo aquello al agua, simbólicamente, y deja que se disuelva, que entre en la misma naturaleza y fluya dejando limpieza en tu vida. Eso lo puedes hacer frente al mar, en un río, en una piscina o en un balde con agua. Lanza todas los apegos, anclajes, etc. al agua y en las ondas que se producen sentirás paz en tu alma al verlas disolverse ante tus ojos.

Retoma tu proyecto y no te prometas realizar muchas cosas, sigue haciendo cosas pequeñas pero con sentido, como si estuvieras pintando un cuadro, detalle a detalle lo vas diseñando hasta que ves un cuadro lleno de color y vida. Ese proyecto que diseñas es tu gran obra, siéntelo y vívelo de esa manera.

Disuelve todas las cosas pendientes y ejecútalas; si son importantes, trabaja en orden de prioridades, organiza tu vida y tendrás el camino despejado.

Paso 15°: Cambio

Ya estás haciendo lo que amas, tu proyecto personal y tu vida se están tornando más ligeros, hallando un camino limpio y seguro; pero cuidado, siempre hay que darle fortaleza a tu proyecto, alimentándolo continuamente te llevará a dar pasos seguros y a estar en movimiento continuo.

Ilumina y purifica tus acciones, dejándolas vibrar correctamente y llevarlas a su mayor rendimiento; aprovecha tu tiempo para hacer todo lo que necesitas para alcanzar tu ideal.

Alimenta tu mente de todo aquello que sea de provecho para ti y tus sueños; no dejes nada al azar y sigue disfrutando la vida con pasión. Vive y siente con amor tu vida, será la manera de que empieces a ver las mieles del éxito en tu vida personal; eres un ser más tranquilo y flexible; no dependas de las emociones de los demás y genera situaciones sin ambigüedad; no dejes que la dualidad perdure en ti, define con entusiasmo tu camino hacia el éxito.

Paso 16°: Construcción mental

Ya has construido tu plan y aunque durante el camino has tenido variables que han detenido tu flujo, ahora estás descubriendo que es importante salirte de esa torre que ha limitado tu vida. Lánzate al vacío de tu propio inconsciente y déjate bañar por el orden que en él subyace. Ese es el lugar divino que te abrirá las puertas al estrellato.

Sigue haciendo tu meditación a diario y conéctate con la fuente de todo lo real, aquello que está esperando a que tú hagas el verdadero enlace y vayas al verdadero sentido de tu vida, allí donde mora toda nuestra existencia.

Si todo es mental, empieza a actuar como tal, ponte en movimiento, refuerza todo aquello que te dice constantemente y que a veces no sabes escuchar o no le das importancia, la intuición. Alimenta tu mente y hazla ejercitar, así ese faro no se irá apagando lentamente y te mantendrás joven en todo aspecto.

Paso 17º: Luz

Este paso será para unirte con la constelación interna que yace en ti y que ha despertado para iluminar tu existencia.

Tu proyecto de vida lo estás llevando a cabo con precisión, realizando pasos fuertes; ahora atrae todo lo que deseas y deja que esa luz que ha vivido en ti empiece su ascensión hacia la cima de la realización; ponte en primer lugar y no te desgastes en cosas sin importancia; celebra todo éxito por pequeño que parezca, ese es el eslabón de una larga lista de logros para el éxito total. Alimenta tu ser con cosas amables, lindas y amigables; no dejes que el miedo y el desánimo corroan tu ascensión.

Estás muy cerca de lograrlo, sigue firme y ligero hacia el éxito.

Paso 18º: Trascendencia

Ya has caminado por la montaña de tu vida y has encontrado altibajos, te has cansado y es hora de que empieces la visualización de tu estrella. Allá donde el éxito te espera, es donde tendrás un sinfín de posibilidades, porque todo éxito trae más éxito y así te irás convirtiendo en un ser más productivo y centrado en tu propio mundo. Un mundo de felicidad y armonía. Has penetrado en el mar de tus posibilidades encontrando un arrecife de colores, allí donde tu vida empezó a trascender hacia lo alto de la montaña y disfrutar del hermoso valle de tu vida plena y próspera.

Celebra cada paso que des en armonía con el Universo.

Siempre sé un ser maravilloso, exitoso y próspero; siéntete así y vívelo con toda intensidad, dejando una estela de armonía en tu entorno.

Paso 19°: Exploración

Has emergido de las esferas inferiores y te has posicionado como un ser valiente, ya exploraste tu ser y todo aquello que va más allá de la lógica, propiciando un mundo de emociones sanas, en el que aprendiste a no desgastarte innecesariamente en eventos que resten tu potencialidad. Hoy has renacido y luces como un Sol generando vida.

Brilla y rodéate de todo lo mejor para ti, no tengas miedo y sé tu propio amigo. Jamás pretenderías algo malo para un buen amigo, así que busca siempre lo mejor para ti y crea un entorno de paz y acción con flexibilidad y pasión.

Paso 20°: Renaciendo

Ya tienes el comodín aquel ser que sabe bien cómo dar ese paso de más a cada instante, que te ayuda a resolver las dificultades sin egoísmo, que te apoya en todas tus decisiones y te anima a cada instante.

Regresa a tu propósito de vida y recuerda que en tus sueños estaba comunicar y contar historias, ahora empieza a escribir y no pares hasta que tu vida esté rodeada de éxito. Un gran orador se estuvo gestando en ti y solo ahora que has roto las paredes limitantes que te aprisionaron, sentiste un rayo de luz golpear tu vida, ese que te iluminó y te lanzó al mar de las posibilidades, bañándote con ondas de sabiduría espiritual, con un autoconocimiento y con un método de sanación emocional para llevarte al estado de prosperidad y éxito.

Adelante, amigo, y sigue sumergiéndote con la intención de dejar tu entorno mejor que en los tiempos de tu ignorancia espiritual.

Paso 21°: Culminación

Ahora has regresado al centro de donde perteneces, danza dentro de ese cúmulo de partículas y déjate invadir con plena conciencia de que todo lo que esté dentro de tu propósito de vida lo puedes tatuar en ese mundo mágico del Universo, dejándolo bailar con la misma vibración y regresarlo vestido de divinidad para llenarlo de éxito en tu vida personal, profesional.

Has encontrado el verdadero sentido de tu vida, reconociendo que eres parte del todo, al que todos estamos interconectados; por tanto, pide con la seguridad de poseerlo todo y deja que la vida fluya a tu favor.

Amigo, ya disfrutas las mieles del conocimiento y tu vida huele a éxito; tu galaxia interior está creando un mundo de paz y prosperidad en tu entorno y baña tu Universo terrenal de éxito.

Eres libre y feliz con tu ser.